# AVATAR

아 바 타 물 의 길

## 비 주 얼 사 전

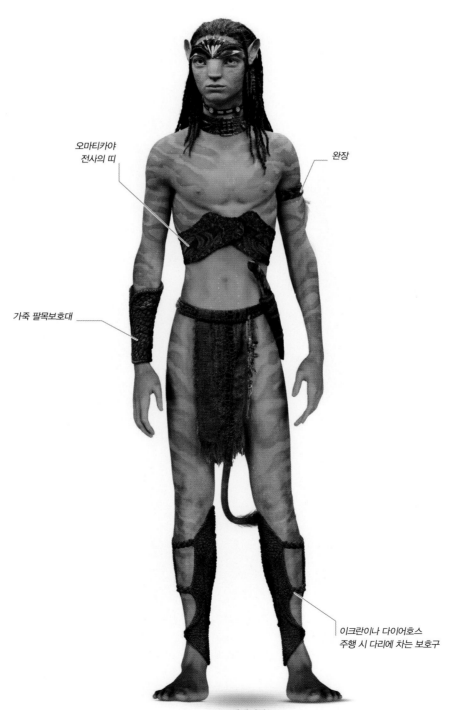

오마티카야
전사의 띠

완장

가죽 팔목보호대

이크란이나 다이어호스
주행 시 다리에 차는 보호구

네테이얌

키리

# AVATAR
## 아 바 타 물 의 길

# 비 주 얼 사 전

원본 스토리, 캐릭터, 세계관
## 제임스 카메론

**글** 재커리 버거, 딜런 콜, 조슈아 이조,
레이먼도 페레즈, 벤 프록터
**옮김** 이솔

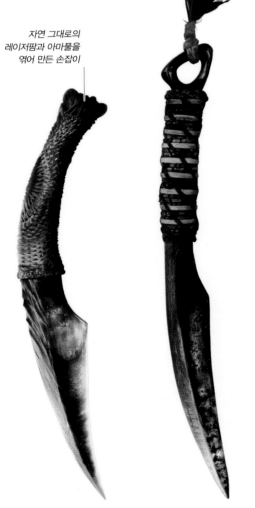

차히크의 의상에서
영감을 받은 색 조합

자연 그대로의
레이저팜과 아마풀을
엮어 만든 손잡이

가죽과 실을 엮은 칼. 콩 야자나무
꼭대기에 핀 잎에서 실을 추출해 밀랍을
칠함

천연염색을 한 아마풀

강에서 주운 수정을
뾰족하게 연마

슬린스의 송곳니

**제이크의 칼**　　**네이티리의 칼**　　**네테이얌의 칼**　　**로아크의 칼**　　**키리의 칼**　　**투크티리의 칼**

# 목차

일루

**건설용 소형 비행선**

**CR-4 진단 기기**

**제이크 설리**

# 서문

**배우로서 나의 커리어를 돌아보니** 언제나 행운이 내 뒤를 바짝 따랐다. 나는 영화 산업에서 손꼽는 거장들과 함께 일했다. 한 작품에서는 과거의 인물을, 다음 작품에서는 다가올 미래의 인간을 연기했다. 그 때마다 내가 캐릭터에 푹 빠져서 최상의 결과물을 낸 건 오롯이 감독이 구축한 세계관 덕이었다. 소품, 의상, 세트(디지털 및 실물), 수많은 등장인물과 생명체, 그밖에도 미세한 조각들이 한가득 모여 이 환상과 허구의 세계에 숨을 불어 넣었다.

나의 연기 경력을 모조리 뒤져봐도 제임스 카메론만큼 '실제적인' 세계를 구현해 낸 감독은 없었다. 이 책은 카메론이 창조한 거대 세계관에 대한 증언이다.

웨타 워크숍의 미술·제작팀은 놀라운 실력으로 카메론 감독의 상상에 생명을 더했다. 덕분에 판도라 행성은 내셔널 지오그래픽 표지를 꾸며도 될 만큼 생생한 문화를 갖추었다. 카메론 감독이 '사이언스 픽션'이 아닌 '사이언스 팩트'라고 강조하는 감각이 모든 요소에 스며든 결과, 화면에 보이는 전부를 실제라고 착각할 정도의 리얼리티가 탄생했다.

두 편의 〈아바타〉 영화를 찍는 동안 카메론 감독은 작품의 1분 1초마다 특유의 날카로운 감각을 녹여냈다. 끝없이 샘솟는 감독의 상상력과 창의력이 장면의 움직임마다 깃들어 있다. 카메론 감독이 그려낸 새로운 등장인물, 나비족의 다채로운 문화, 어디에도 없던 독특한 동식물, 그리고 판도라 행성의 기막힌 아름다움을 마주할 때마다 나는 매번 감탄할 따름이다.

〈아바타: 물의 길 비주얼 사전〉은 웅장한 아바타 세계를 살짝 엿보는데 불과하다. 나는 그레이스 오거스틴 박사로서 첫 아바타 여행길에 올랐고, 이제 박사의 딸 키리가 되어 그 걸음을 이어 나가게 되었다. 판도라 행성의 깊고 풍성한 세계관을 완성시킨 디자인과 세부 사항들을 이 책에 그대로 담아냈다. 책장을 넘기면 당신만의 판도라 여정이 펼쳐질 것이다.

이건 시작일 뿐이다.

## 시고니 위버

**그레이스 오거스틴 박사 / 키리 역**

# 판도라

**판도라는 거대가스행성 폴리페무스의 다섯 번째 위성으로 크기, 대기, 생김새가 지구를** 빼닮았다. 우리에게 익숙한 푸른 빛깔 바다가 여러 대륙과 섬을 에워싼다. 어디서나 식물이 잘 자랄 수 있는 환경이다. 면적의 상당 부분이 숲과 초원으로 덮였으며 바다 여기저기 해초가 떠다닌다. 다양한 동물군의 서식지이기도 하다. 판도라의 동물 대부분은 팔다리가 여섯 개인데, 나비족만 유일하게 인간과 비슷하다.

판도라의 모든 생명체는 유기적으로 연결되어 아주 정교한 균형을 이룬다. 나비족은 이 공생관계를 깊이 존중하며 자연으로부터 최소한의 자원만을 취한다. 이산화탄소 과잉 탓에 인간의 폐로는 판도라에서 숨 쉴 수 없다. 그럼에도 이 행성이 품은 자원은 인류의 생존에 있어 몹시 중요하다.

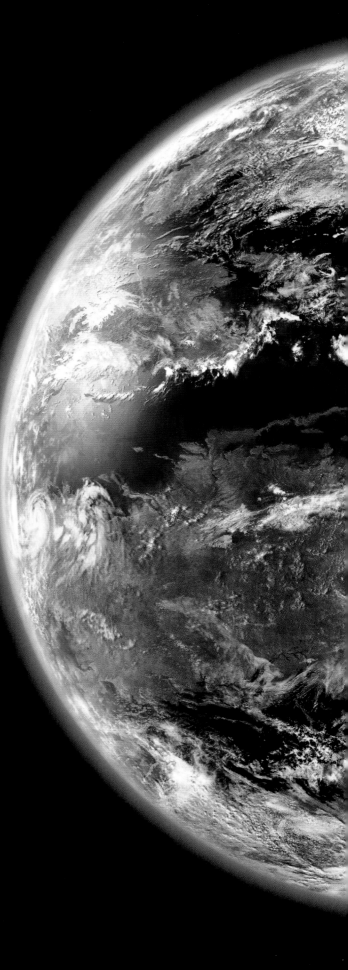

## 오마티카야

판도라의 숲속에 거주하는 부족으로 친화력이 좋고 영성이 깊다. 나비족 중 인간과 접촉한 첫 부족이다. 이들은 '파란 플루트 부족'으로도 불리는데 특별히 실 짜는 재주가 빼어나다. 오마티카야 부족이 짜낸 섬유나 구조물의 우수함은 행성에 널리 알려졌다. 전사로서의 자부심이 강하며 열정을 다해 부족의 터전과 생활방식을 지켜낸다.

## 메트카이나

메트카이나는 바다 부족 또는 '암초 부족' 중 하나다. 해안가와 보초, 산호섬을 따라 마을을 이루어 산다. 자연 방파제가 거친 바다로부터 부족의 마을을 평온하게 지켜준다. 바다 부족 메트카이나의 역사는 갈등과 위기로 맘 편할 날이 없다. 그러나 메트카이나 부족은 바다의 생태와 조화를 이루며 단순하고 평온하게 사는 법을 배웠다.

## 자원개발관리 (RDA)

수많은 자회사를 거느린 거대기업으로 지구 밖, 즉 태양계와 알파 센타우리 내의 모든 채굴 및 개발 사업을 관리한다. RDA는 판도라를 비롯한 이웃 행성에서 캐내거나 개발된 부산물 전부에 대한 독점권을 지녔다. 전력, 제조, 군사, 제약 관련 자회사를 운영 중이다.

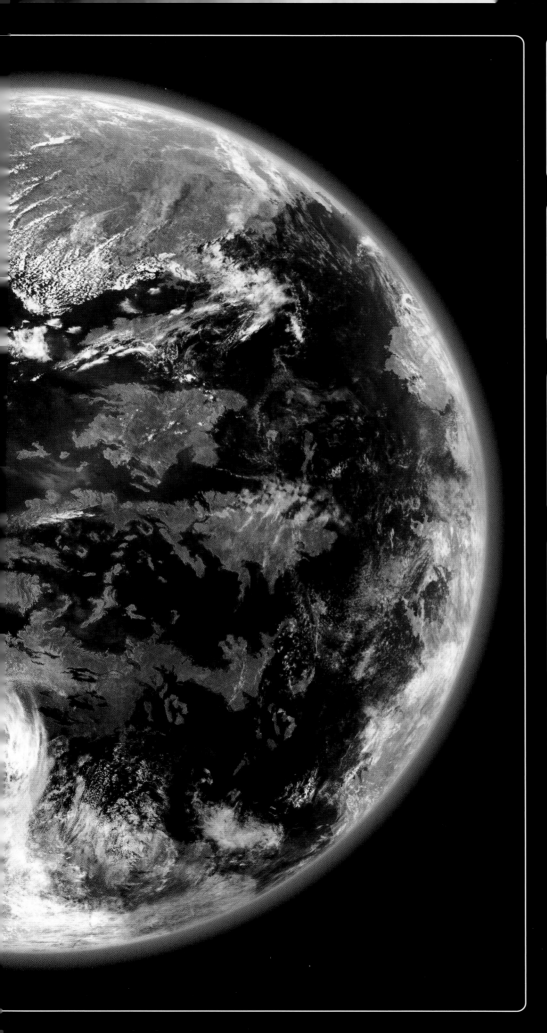

### 제이크 설리
오마티카야 부족의 올로에이크탄 (족장). *토루크 막토*, '마지막 그림자의 기수'로 불린다. 15년 전 판도라 행성에서 RDA를 몰아낸 영웅이다.

### 네이티리
오마티카야 부족의 *차카렘*(예비 *차히크*). 판도라 행성의 가장 맹렬한 전사 중 하나로 RDA에 맞서 승리를 거두는 데 힘을 보탰다.

### 토노와리
메트카이나 부족의 올로에이크탄으로서 암초 부족이 행복하게 지낼 수 있도록 하나부터 열까지 감독한다. 부족원 모두가 토노와리의 이상과 지도자로서의 능력을 깊이 존경한다.

### 로날
메트카이나 부족의 *차히크*(영적 지도자). 부족의 영적 필요를 돌보면서도 용맹한 전사의 기질을 결코 놓지 않는다. 부족원을 지키기 위해서라면 어떤 위험도 감수한다.

### 아드모어 장군
새로 임명된 RDA의 원정군 사령관. 판도라로 돌아온 RDA 전체를 통솔하는 타고난 관리자이자 군사지휘자다.

### 쿼리치 대령
RDA의 목적달성을 위해 리콤된 군사. 이제는 나비족의 족장이 된 제이크 설리를 찾아내어 죽이는 임무를 맡았다. 쿼리치 대령에게 제이크는 반란을 일으켜 자신과 인류를 등진 배신자에 불과하다.

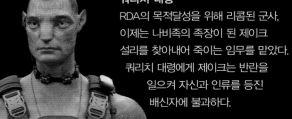

# 1장:
# 설리 가족

할렐루야 산맥 전투가 아득한 기억이 된 지금, 제이크 설리와 네이티리는 평온하고 행복한 일상을 만끽한다. 가족으로서의 생활이 꽤 만족스럽고 둘에게 네 명의 아이도 생겼다. RDA를 몰아낸 직후 첫째 아들 네테이얌을 얻었으며 한 살 터울로 둘째 로아크도 태어났다. 로아크는 제멋대로에 어딘지 좀 비실비실하다. 부족의 영웅 격인 부모와 뭐든 잘하는 형 네테이얌의 입지를 따라잡기가 벅차다. 막내딸 투크티리(툭)는 독립적이고 자기 생각이 분명하다. 종종 나이답지 않은 성숙함을 보인다. 부부는 그레이스 오거스틴 박사의 딸 키리도 둘의 아이로 입양했다. 그레이스 박사의 아바타가 수면 상태로 출산한 그야말로 정체불명의 아이다. RDA가 판도라로 돌아오면서 이들의 평화로운 세상에 어려움이 닥친다. 그러나 이 단단하고 끈끈한 가족은 위기에 함께 적응하며 생존해 나간다.

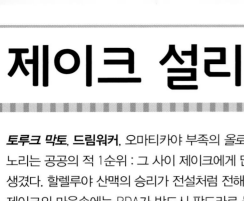

# 제이크 설리

**토루크 막토**, **드림워커**, 오마티카야 부족의 올로에이크탄, RDA가 노리는 공공의 적 1순위 : 그 사이 제이크에게 많은 이름이 생겼다. 할렐루야 산맥의 승리가 전설처럼 전해진 지 15년 후, 제이크의 마음속에는 RDA가 반드시 판도라로 돌아올거라는 직감과 함께 두려움이 피어오른다. 이제는 지켜야 할 네 아이가 생긴 탓이다. 여전히 용맹한 전사이자 족장이지만, 어떤 위험에도 기꺼이 뛰어들던 제이크의 대범함이 조금은 주춤한 듯하다. 가족에 대한 염려와 15년 전 많은 생명이 희생된 게 자기 탓이라는 죄책감이 언제나 그를 짓누른다.

**제이크의 칼**
오마티카야 전사 수련 중 받은 칼을 여전히 사용한다.

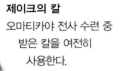

가죽 끈을 꼬아 밀랍을 칠했다.

자연 그대로의 레저팜과 아마풀을 엮어 만든 손잡이

**전투용 완장**

## 오마티카야 족장

에이투칸 족장과 후계자 쯔테이가 죽자 남아 있던 제이크가 오마티카야 부족을 맡아 이끈다. 새 족장의 어깨에 부족의 생사가 달렸다. 제이크는 과거 인간이던 경험을 녹여 완전히 새로운 방식으로 족장 역할을 해낸다. 예컨대 오마티카야 부족은 더 이상 홈트리를 중심으로 마을을 세우지 않는다. RDA가 나무의 위치를 발견하면 표적으로 삼을 게 분명하기 때문이다. 또 제이크는 오마티카야 부족과 인간의 외교와 화합에 힘쓰는데, 그 예로 오마티카야 부족은 판도라에 남은 과학자들이 거주하는 헬스게이트 가까이에 정착한다.

**제이크의 칼집**

| 정보 파일 | |
|---|---|
| **이름** | 제이크 설리 |
| **종** | 인간에서 아바타로 전환 |
| **소속** | 오마티카야 |
| **키** | 2m 72cm |

*이크란을 타고 할렐루야 산맥을 활공하는 제이크, 네이티리, 네테이얌*

> 제이크는 두 세계 사이에 끼어 있다. 인간 기술의 사용을 지양하지만, RDA가 돌아오면 부족을 지키기 위해 다시 총을 잡아야 한다는 걸 안다.

주머니에는 공격용 소총의 탄창을 보관한다.

손으로 깎아 만든 도끼날

15년 전 출시 모델

### 전투용 목걸이

네이티리와 함께 훈련할 때 제이크의 목에 걸려있던 목걸이. 강가의 돌을 주워 엮었다.

제이크가 처음 사냥한 스팀비스트 가죽을 재료로 썼다.

가죽 손목보호대

### 최소한의 기술

제이크는 아바타 (AVTR) 프로그램 무전기와 이어폰으로 아내 네이티리 그리고 아이들과 교신한다.

**제이크의 도끼**

제이크의 아바타 신체구조에 맞춰 모양을 특별히 고안한 도끼

## 새로운 삶

제이크는 자신이나 가족보다 부족의 안전을 더 우선시한다. RDA가 판도라에 돌아온 뒤 제이크는 무척 힘든 결정을 내린다. RDA가 자신을 쫓는 게 분명해지자 제이크는 모두의 안전을 위해 부족을 떠나기로 한다. 오마티카야 부족의 새 터전인 하이 캠프는 할렐루야 산맥의 눈에 띄지 않는 곳에 위치해서 그가 없어도 비교적 안전하다는 판단에서다. 그렇게 설리 가족은 숲을 떠나 암초 부족 메트카이나 마을로 향한다. 메트카이나 부족이 이들을 받아들일지는 순전히 제이크가 그동안 연마해 온 외교 기술에 달렸다.

망원 조준기

**성능을 개선한 스켈 M69 공격용 소총**

스켈 AR 모델에서 개머리판을 나무로 바꾸었다.

# 네이티리

네이티리는 여러 얼굴을 지녔다. 용맹한 전사, 뛰어난 치유자, 자부심 강한 엄마. 걱정 없이 숲을 탐험하던 어린 시절을 그리워하는 한편 자신에게 주어진 원대한 사명도 담담히 받아들인다. 제이크와 네이티리는 오마티카야의 영웅으로서 부족에 대해 막중한 책임감을 느낀다. 부부는 할렐루야 산맥 전투 이후 줄곧 나비족과 헬스게이트의 과학자들 사이에 균형을 이루는 데 몰두한다. 인간과 교류하고, 부족을 재정비하고, 돌아올 RDA의 위협에 대비하는 일로 둘의 어깨가 몹시 무겁다는 걸 부족원 모두 잘 알고 있다.

제이크와의 첫 만남에 착용한 팔찌에서 구슬을 빼내어 만들었다.

파란 잎 목걸이

칼라

다리 장식

## 영적 지도자

네이티리의 어머니 모앗은 부족의 앞날에 대한 *에이와*의 분명한 계획을 확신한다. 이 믿음 덕분에 부족의 오랜 생활방식을 바꾸는 일에도 기꺼이 마음을 연다. 변화를 완강히 거부하는 딸의 태도를 이해하지 못하며, 갈등 상황에서 종종 제이크의 편에 서서 그의 지도력에 힘을 실어 준다. 설리 가족이 암초 마을로 향할 때 모앗은 노엄, 파텔 박사를 비롯한 오마티카야 부족과 함께 하이 캠프에 남는다. 딸과 손주들의 떠나는 뒷모습이 사무치게 슬프지만, 자신이 *차히크*로서 부족원 곁에 남는 게 순리란 걸 잊지 않는다. 언젠가는 분명 딸을 다시 보게 될 것이다.

구슬을 엮은 쿠루 가닥

구슬 술을 단 로인 클로스

### 정보 파일

| | |
|---|---|
| **이름** 모앗 | |
| **종** 나비족 | |
| **소속** 오마티카야 | |
| **키** 2m 62cm | |

모앗

**호박 머리띠**
생체발광하는 *차히크*의 이마가 호박 보석과 어우러져 더욱 성스럽게 보인다. 이마의 화려한 무늬는 *차히크*와 *에이와*의 친밀함을 상징한다.

호박 원석

## 새로운 세상

새로운 세상에 적응하는 건 네이티리에게 유독 어려운 일이다. 암초 생활에 익숙해지고 메트카이나 부족으로부터 물의 길을 배우는 데 오랜 시간이 걸린다. 암초 마을은 네이티리가 알던 유일한 세상, 숲과는 거리가 멀다. 숲에서는 결코 무서울 게 없었다. 숲의 생태를 샅샅이 파악한데다가 전설로 손꼽힐 만큼 강인한 생존기술을 갖췄기 때문이다.

직물로 만든 로인 클로스

# 차카렘

*차히크*는 어느 나비 부족에나 있다. 약초와 신성한 식물에 해박하며 그 지혜를 고이 지켜 대대로 전수한다. 부족의 영적 의식을 주관하고 아픈 부족원의 치유를 맡는다. 부족을 향한 *에이와*의 뜻을 해석하는 일도 *차히크* 몫이다. 네이티리는 예비 *차히크*로서 어머니 모앗의 가르침을 받는다. 보통 *차히크*의 첫째 아이가 역할을 물려받지만, 언니 실와닌의 갑작스런 죽음 뒤 네이티리가 *차카렘*의 자리를 채운다. 에이와를 향해 깊어진 사랑이 그런 네이티리를 위로한다. 차카렘도 의식을 인도하거나 일부 공적인 역할을 맡지만, 네이티리가 온전히 준비되기까지는 모앗이 *차히크*의 소임을 이어갈 것이다.

어린 시미플라이의 날개로 만들었으며 눈을 보호한다.

**이크란 주행용 얼굴 가리개**

깎은 조개 껍데기

**완장**

**장신구**
네이티리의 옷장은 형형색색의 완장, 팔찌, 손목보호대로 가득하다. 오마티카야 부족에 전해져 내려온 유물과 메트카이나 마을 이주 후 얻은 장신구가 한데 어우러진다.

**구슬 손목보호대**

차히크의 의상에서 영감을 받은 색 조합

**암초 스타일**
설리 가족의 옷차림새가 암초 마을에서는 어울리지 않는다. 메트카이나 부족의 옷처럼 바다 생활에 적합한 더 가벼운 재질이 필요하다. 네이티리는 암초 부족의 주된 옷 재료인 바다 새의 깃털과 암초 꽃을 활용하면서도 자신만의 스타일을 유지한다.

**뼈 칼라**
RDA의 기차를 습격할 때 네이티리가 착용했으며 색상이 밝고 알록달록하다.

반탐 피처 플랜트

**칼**
네이티리가 어린 시절부터 줄곧 사용해온 칼. 흑요석을 갈아 칼끝을 뾰족하게 냈다.

## 흥미로운 사실

> *이크란* 한 마리가 죽으면 그와 교감을 맺은 나비족이 애도기간을 보낸다. 네이티리도 아끼던 *이크란* 세제를 잃고 한동안 기억하며 슬퍼했다.

> 네이티리와 제이크는 몇 가지 의견 충돌을 겪는다. 예컨대 네이티리는 나비족이 인간의 무기로 무장하는 걸 결단코 반대한다.

## 정보 파일

| | |
|---|---|
| **이름** | 네이티리 |
| **종** | 나비족 |
| **소속** | 오마티카야 |
| **키** | 2m 62cm |

# 네테이얌

**강인하고 자신감 넘치는** 네테이얌은 네이티리와 제이크의 첫째 아이다. 엄마를 빼닮아 타고난 운동신경과 사냥실력, 그리고 아빠 제이크의 고결한 성품까지 물려받았다. 부부가 아이들 곁을 잠시 비울 때면 네테이얌이 동생들을 돌본다. 남동생 로아크와는 티격태격 경쟁도 하지만, 언제 그랬냐는 듯이 동생 한 명 한 명이 빛나도록 아낌없이 뒤를 받쳐 준다. 한편 자기 자신에게 만큼은 기준이 무척 엄격하다. 로아크가 네테이얌의 그늘에 가려진 것처럼 네테이얌도 아버지 제이크의 그늘 속에서 산다. 틈만 나면 자기 가치를 증명하고 아버지로부터 업적을 인정받으려고 애쓴다.

| 정보 파일 | |
|---|---|
| **이름** | 네테이얌 |
| **종** | 나비족 |
| **소속** | 오마티카야 |
| **키** | 2m 50cm |
| **나이** | 15세 |

성대 무전기로 동생들과 교신한다.

오마티카야 전사의 띠

가죽 팔목보호대

고리를 귀에 감는다.

*이크란 주행용 얼굴 가리개*

구슬 초커

화살

**활과 화살**
타고난 궁수답게 오마티카야 부족원 중 가장 어린 나이에 스텀비스트 사냥을 단번에 성공시킨다.

꺾인 홈트리 가지로 만든 화살

완장

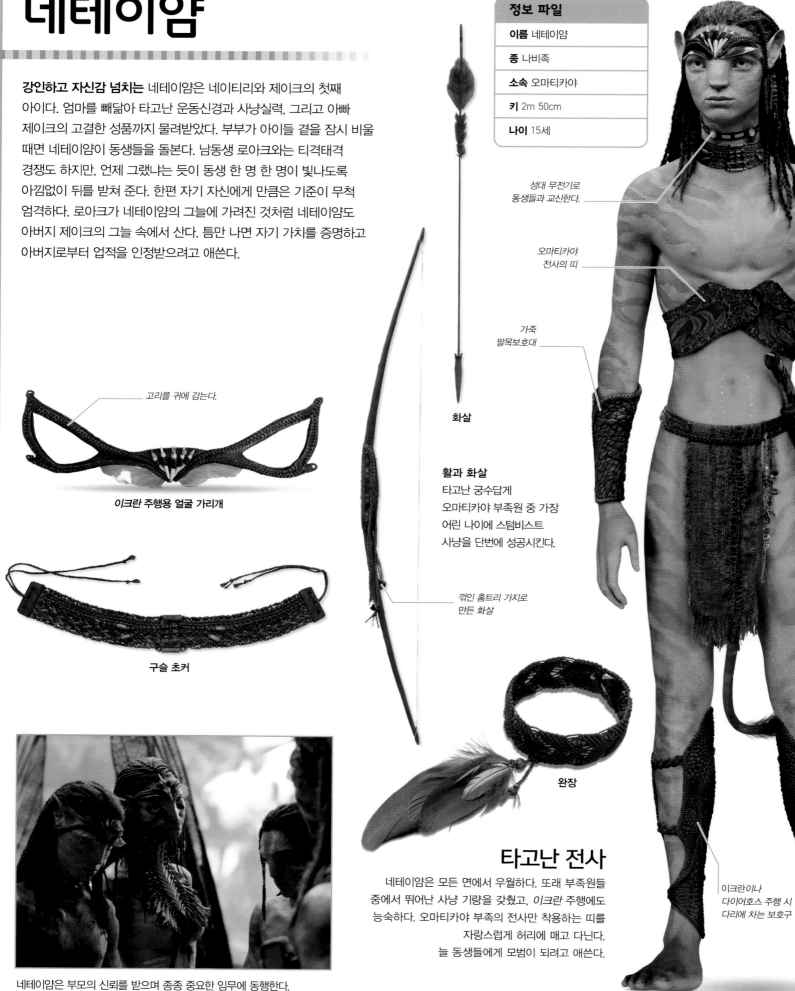

이크란이나 다이어호스 주행 시 다리에 차는 보호구

## 타고난 전사

네테이얌은 모든 면에서 우월하다. 또래 부족원들 중에서 뛰어난 사냥 기량을 갖췄고, 이크란 주행에도 능숙하다. 오마티카야 부족의 전사만 착용하는 띠를 자랑스럽게 허리에 매고 다닌다. 늘 동생들에게 모범이 되려고 애쓴다.

네테이얌은 부모의 신뢰를 받으며 종종 중요한 임무에 동행한다.

터키석 조약돌

**손수 엮은 초커**
네테이얌은 암초 마을로 이주하면서
직접 만든 초커를 챙겨온다. 고전적인
모양으로, 쯔테이를 비롯한 오마티카야
전사들이 대대로 착용한 장신구를 본떠
만들었다.

*네테이얌의 기억 속*
*첫 번째 자장가를*
*상징하는 구슬*

가죽과 실을 엮은 칼. 콩
야자나무 꼭대기에 핀
잎에서 실을 추출해 밀랍을
칠했다.

**오마티카야
칼**

**꼬아 만든 완장**

# 위기 속에서 발하는 빛

네테이얌은 특유의 넘치는 자신감과 사회성으로 설리
아이들과 메트카이나 부족 아이들 간의 유대를 이끈다.
덕분에 어른들의 관계에도 문이 열린다. 네테이얌은 로아크,
키리, 툭이 메트카이나 부족의 신경을 거스르지 않도록
최선을 다한다.

**노랫줄**

# 키리

키리는 몹시 호기심 많고 똑똑한 나비족 아이로 제이크와 네이티리의 사랑을
한 몸에 받는다. 키리는 탄생부터가 수수께끼다. 죽은 그레이스 오거스틴
박사의 아바타가 수면상태로 아기를 출산했고, 제이크와 네이티리가 아기를
입양했다.

탐험가의 특징인
헝클어진 머리

그레이스 오거스틴
박사의 목걸이를 몸에
지녀 엄마의 채취를
느낀다.

**목걸이**

에이와의
눈에서 영감을
받은 디자인

물고기 가죽으로 만든
로인 클로스

## 특별한 의미
오마티카야 부족의 옷 한 점 한
점에는 특별한 의미가 있다.
부족원은 오직 스스로 옷을
지어 입거나 사랑하는 이에게
선물할 직물을 짠다.
물물교환을 목적으로 옷을
짓는 경우는 드물다.

**숄**

**메트카이나 팔목보호대**

## 표현의 수단
나비족의 상의는 부족원의 신성한 가치를 표현한다.
옷 하나가 부족내의 지위를 나타내기도 하고, 무시무시한
동물의 형상을 그려넣어 자긍심을 드러내기도 한다. 키리의
상의는 정해진 틀 없이 어우러진 무늬가 자연을 상징한다.
이처럼 부족원 각자가 자신의 정체성과 부족의 기여도를
의복으로 맘껏 표현한다.

자연색을 살린
해조류

**암초를 딿아
만든 상의**

## 자연의 아이

키리는 그동안 오마티카야 부족이 만난 어떤 나비족이나
아바타와도 다르다. 꼬마 시절부터 *차히크*를 넘어설 정도로
*에이와*와 깊이 교감했고 올가미 없이도 *이크란*과 단번에 유대를
맺었다. 그저 맘에 드는 *이크란*에게 다가서서 눈을 맞춘 뒤 곧바로
첫 비행에 성공했다. 키리는 숲을 거닐면서 생각에 잠기거나 조용히
명상을 즐긴다. 사남매가 함께 임무나 심부름에 나설 동안 키리가
사라지는 일도 빈번하다. 그 때마다 키리는 폭신한 흙바닥에 누워
눈을 지그시 감고 *에이와*의 심장박동을 듣는 데 푹 빠져들었다.

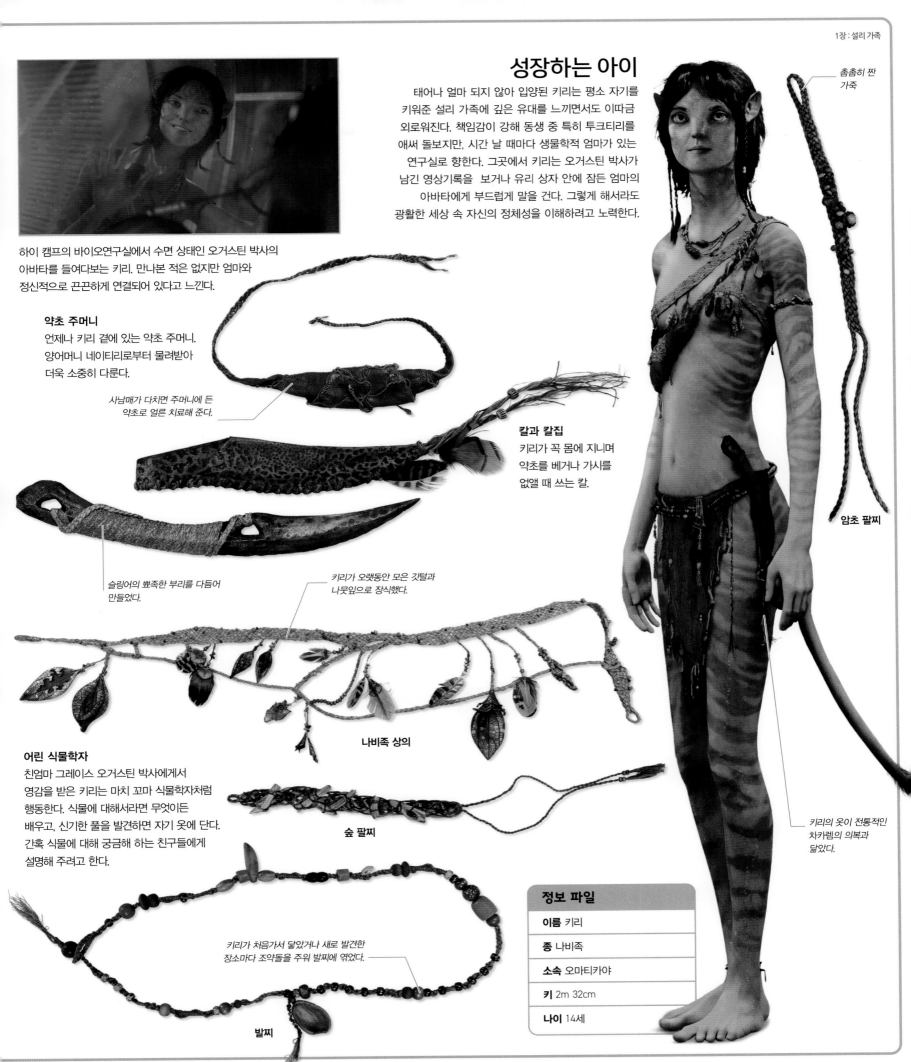

# 성장하는 아이

태어나 얼마 되지 않아 입양된 키리는 평소 자기를 키워준 설리 가족에 깊은 유대를 느끼면서도 이따금 외로워진다. 책임감이 강해 동생 중 특히 투크티리를 애써 돌보지만, 시간 날 때마다 생물학적 엄마가 있는 연구실로 향한다. 그곳에서 키리는 오거스틴 박사가 남긴 영상기록을 보거나 유리 상자 안에 잠든 엄마의 아바타에게 부드럽게 말을 건다. 그렇게 해서라도 광활한 세상 속 자신의 정체성을 이해하려고 노력한다.

촘촘히 짠 가죽

하이 캠프의 바이오연구실에서 수면 상태인 오거스틴 박사의 아바타를 들여다보는 키리. 만나본 적은 없지만 엄마와 정신적으로 끈끈하게 연결되어 있다고 느낀다.

### 약초 주머니

언제나 키리 곁에 있는 약초 주머니. 양어머니 네이티리로부터 물려받아 더욱 소중히 다룬다.

사남매가 다치면 주머니에 든 약초로 얼른 치료해 준다.

### 칼과 칼집

키리가 꼭 몸에 지니며 약초를 베거나 가시를 없앨 때 쓰는 칼.

슬링어의 뾰족한 부리를 다듬어 만들었다.

키리가 오랫동안 모은 깃털과 나뭇잎으로 장식했다.

암초 팔찌

**나비족 상의**

### 어린 식물학자

친엄마 그레이스 오거스틴 박사에게서 영감을 받은 키리는 마치 꼬마 식물학자처럼 행동한다. 식물에 대해서라면 무엇이든 배우고, 신기한 풀을 발견하면 자기 옷에 단다. 간혹 식물에 대해 궁금해 하는 친구들에게 설명해 주려고 한다.

**숲 팔찌**

키리의 옷이 전통적인 차카렘의 의복과 닮았다.

키리가 처음가서 닿았거나 새로 발견한 장소마다 조약돌을 주워 발찌에 엮었다.

**발찌**

| 정보 파일 | |
|---|---|
| **이름** | 키리 |
| **종** | 나비족 |
| **소속** | 오마티카야 |
| **키** | 2m 32cm |
| **나이** | 14세 |

# 로아크

**제이크와 네이티리의 둘째 로아크**는 평생 자기를 외톨이로 여긴다. 가족과 부족 어디에도 마음 둘 곳이 없다. 막내 동생 툭이나 모두의 사랑을 받는 형 네테이얌과는 달리 자신이 너무도 다르게 느껴진다. 나비족의 손가락이 네 개인 데 비해 로아크는 아빠처럼 다섯 개의 손가락을 타고났다. 그래서 종종 나비족보다는 인간에 가깝다는 평가를 받는다. 급한 성질에다 자존심까지 강하고 충동적이어서, 멈추어 생각하기보다는 몸으로 부딪히는 편이다. 빨리 형을 따라잡고 싶어 견딜 수가 없다. 사남매 중에서는 키리 누나와 가장 가깝다. 둘은 하늘사람들이 두고 간 인간아이 스파이더와 부대끼며 자라 서로 의지한다.

보통의 나비족 아이와 달리 로아크는 아빠와 똑 닮은 눈썹을 갖고 태어났다.

이크란의 발톱

**목걸이**

강가에서 주운 수정을 뾰족하게 갈았다.

**사냥용 칼**

핵사피드 가죽

**칼집**

**어린 사냥꾼**
로아크는 아직 우닐타론(드림 헌트)이라 부르는 나비족 성인식을 마치기 전이다. 따라서 오마티카야 전사의 허리띠는 차지 않는다.

**팔목 보호대**

할머니 모앗으로부터 전수받은 모양

로아크의 노란 이크란에서 색을 따왔다.

## 가족의 그늘

완벽한 가족 사이에서 자라기란 몹시 어려운 법이다. 로아크는 판도라 행성의 영웅이자 전설인 아빠 제이크 뿐만 아니라 부족원 모두에게 인정받는 형 네테이얌의 그늘 아래 괴로운 성장기를 보낸다.

**완장**

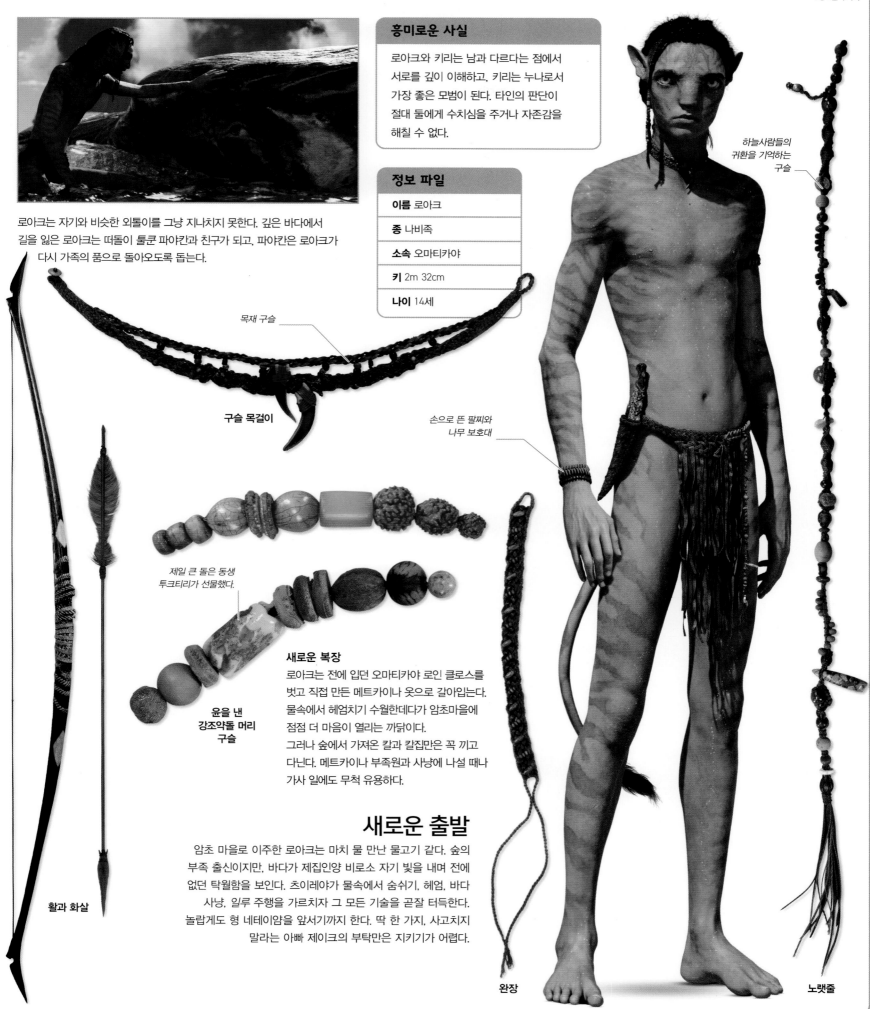

### 흥미로운 사실

로아크와 키리는 남과 다르다는 점에서 서로를 깊이 이해하고, 키리는 누나로서 가장 좋은 모범이 된다. 타인의 판단이 절대 둘에게 수치심을 주거나 자존감을 해칠 수 없다.

### 정보 파일

| | |
|---|---|
| **이름** | 로아크 |
| **종** | 나비족 |
| **소속** | 오마티카야 |
| **키** | 2m 32cm |
| **나이** | 14세 |

로아크는 자기와 비슷한 외톨이를 그냥 지나치지 못한다. 깊은 바다에서 길을 잃은 로아크는 떠돌이 툴쿤 파야칸과 친구가 되고, 파야칸은 로아크가 다시 가족의 품으로 돌아오도록 돕는다.

하늘사람들의 귀환을 기억하는 구슬

목재 구슬

**구슬 목걸이**

손으로 뜬 팔찌와 나무 보호대

제일 큰 돌은 동생 투크티리가 선물했다.

**새로운 복장**

로아크는 전에 입던 오마티카야 로인 클로스를 벗고 직접 만든 메트카이나 옷으로 갈아입는다. 물속에서 헤엄치기 수월한데다가 암초마을에 점점 더 마음이 열리는 까닭이다.
그러나 숲에서 가져온 칼과 칼집만은 꼭 끼고 다닌다. 메트카이나 부족원과 사냥에 나설 때나 가사 일에도 무척 유용하다.

**윤을 낸 강조약돌 머리 구슬**

# 새로운 출발

암초 마을로 이주한 로아크는 마치 물 만난 물고기 같다. 숲의 부족 출신이지만, 바다가 제집인양 비로소 자기 빛을 내며 전에 없던 탁월함을 보인다. 츠이레야가 물속에서 숨쉬기, 헤엄, 바다 사냥, 일루 주행을 가르치자 그 모든 기술을 곧잘 터득한다. 놀랍게도 형 네테이얌을 앞서기까지 한다. 딱 한 가지, 사고치지 말라는 아빠 제이크의 부탁만은 지키기가 어렵다.

**활과 화살**

**완장**

**노랫줄**

# 투크티리

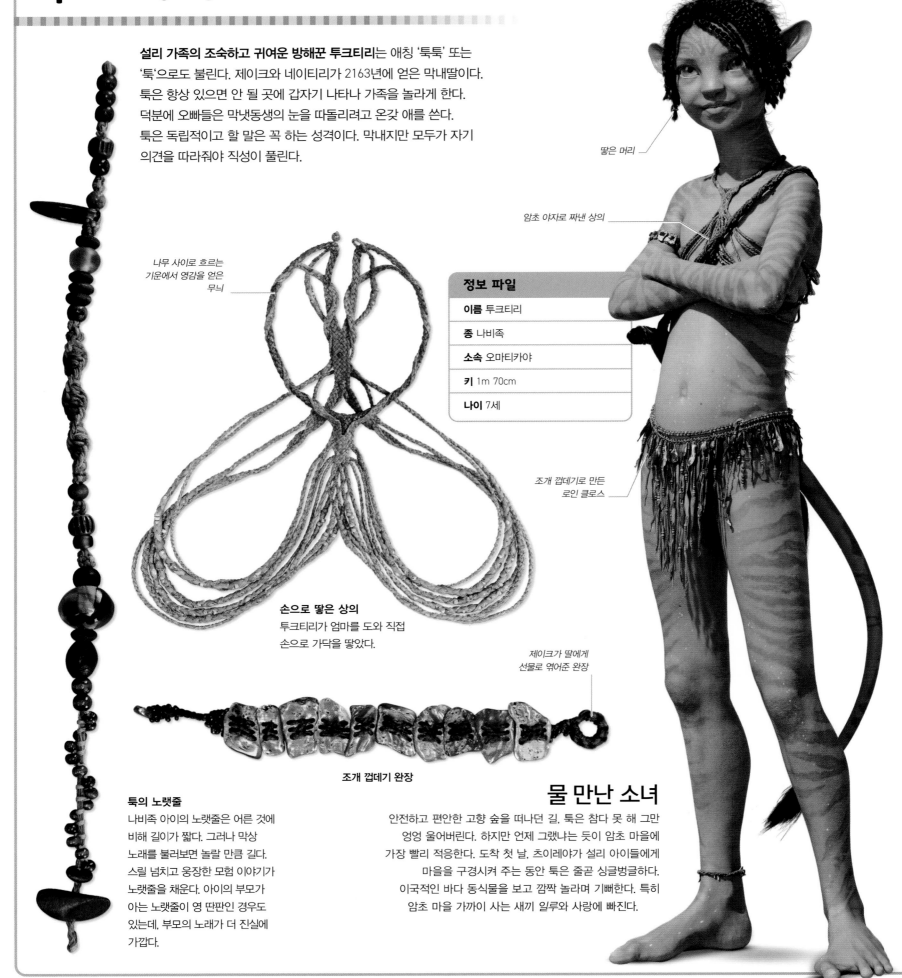

**설리 가족의 조숙하고 귀여운 방해꾼 투크티리**는 애칭 '툭툭' 또는 '툭'으로도 불린다. 제이크와 네이티리가 2163년에 얻은 막내딸이다. 툭은 항상 있으면 안 될 곳에 갑자기 나타나 가족을 놀라게 한다. 덕분에 오빠들은 막냇동생의 눈을 따돌리려고 온갖 애를 쓴다. 툭은 독립적이고 할 말은 꼭 하는 성격이다. 막내지만 모두가 자기 의견을 따라줘야 직성이 풀린다.

땋은 머리

암초 야자로 짜낸 상의

나무 사이로 흐르는 기운에서 영감을 얻은 무늬

## 정보 파일

| | |
|---|---|
| **이름** 투크티리 | |
| **종** 나비족 | |
| **소속** 오마티카야 | |
| **키** 1m 70cm | |
| **나이** 7세 | |

조개 껍데기로 만든 로인 클로스

**손으로 땋은 상의**
투크티리가 엄마를 도와 직접 손으로 가닥을 땋았다.

제이크가 딸에게 선물로 엮어준 완장

**조개 껍데기 완장**

**툭의 노랫줄**
나비족 아이의 노랫줄은 어른 것에 비해 길이가 짧다. 그러나 막상 노래를 불러보면 놀랄 만큼 길다. 스릴 넘치고 웅장한 모험 이야기가 노랫줄을 채운다. 아이의 부모가 아는 노랫줄이 영 딴판인 경우도 있는데, 부모의 노래가 더 진실에 가깝다.

## 물 만난 소녀

안전하고 편안한 고향 숲을 떠나던 길, 툭은 참다 못 해 그만 엉엉 울어버린다. 하지만 언제 그랬냐는 듯이 암초 마을에 가장 빨리 적응한다. 도착 첫 날, 츠이레야가 설리 아이들에게 마을을 구경시켜 주는 동안 툭은 줄곧 싱글벙글하다. 이국적인 바다 동식물을 보고 깜짝 놀라며 기뻐한다. 특히 암초 마을 가까이 사는 새끼 일루와 사랑에 빠진다.

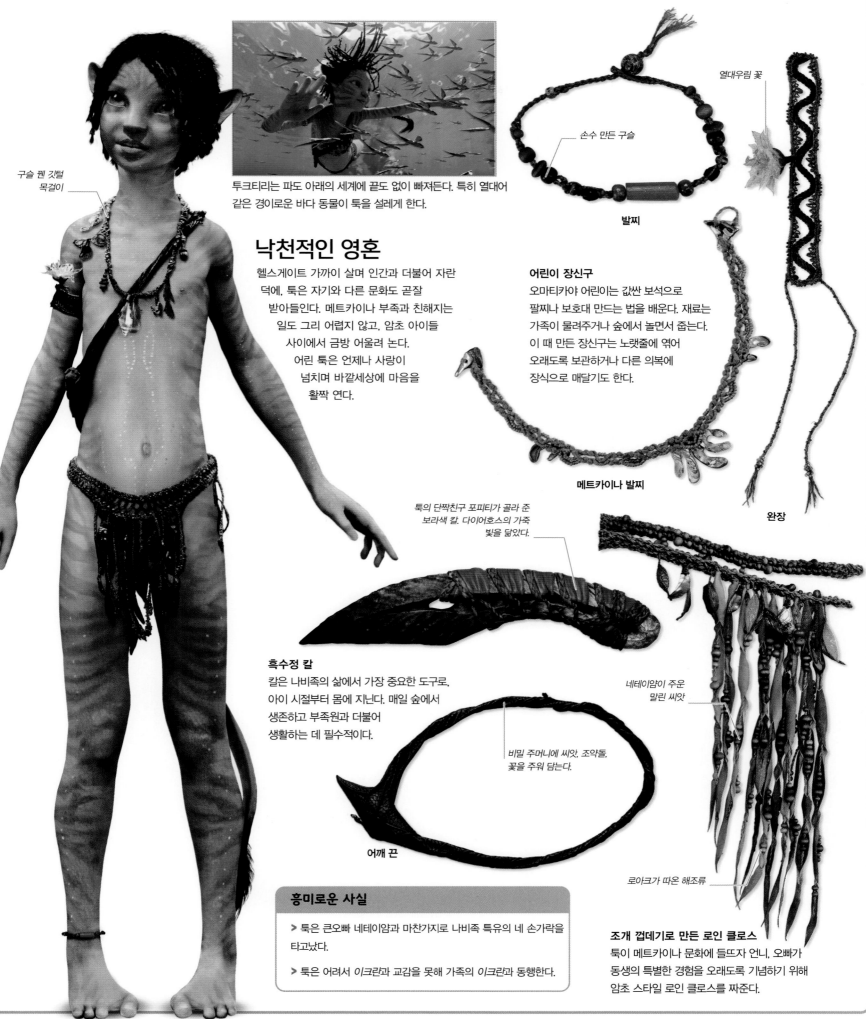

구슬 꿴 깃털
목걸이

투크티리는 파도 아래의 세계에 끝도 없이 빠져든다. 특히 열대어 같은 경이로운 바다 동물이 툭을 설레게 한다.

## 낙천적인 영혼

헬스게이트 가까이 살며 인간과 더불어 자란 덕에, 툭은 자기와 다른 문화도 곧잘 받아들인다. 메트카이나 부족과 친해지는 일도 그리 어렵지 않고, 암초 아이들 사이에서 금방 어울려 논다. 어린 툭은 언제나 사랑이 넘치며 바깥세상에 마음을 활짝 연다.

열대우림 꽃

손수 만든 구슬

**발찌**

## 어린이 장신구

오마티카야 어린이는 값싼 보석으로 팔찌나 보호대 만드는 법을 배운다. 재료는 가족이 물려주거나 숲에서 놀면서 줍는다. 이 때 만든 장신구는 노랫줄에 엮어 오래도록 보관하거나 다른 의복에 장식으로 매달기도 한다.

**메트카이나 발찌**

**완장**

툭의 단짝친구 포피티가 골라 준 보라색 칼. 다이어호스의 가죽 빛을 닮았다.

## 흑수정 칼

칼은 나비족의 삶에서 가장 중요한 도구로, 아이 시절부터 몸에 지닌다. 매일 숲에서 생존하고 부족원과 더불어 생활하는 데 필수적이다.

네테이얌이 주운 말린 씨앗

비밀 주머니에 씨앗, 조약돌, 꽃을 주워 담는다.

**어깨 끈**

로아크가 따온 해조류

### 흥미로운 사실

> 툭은 큰오빠 네테이얌과 마찬가지로 나비족 특유의 네 손가락을 타고났다.

> 툭은 어려서 *이크란*과 교감을 못해 가족의 *이크란*과 동행한다.

## 조개 껍데기로 만든 로인 클로스

툭이 메트카이나 문화에 들뜨자 언니, 오빠가 동생의 특별한 경험을 오래도록 기념하기 위해 암초 스타일 로인 클로스를 짜준다.

# 2장:
# 오마티카야 부족

홈트리가 붕괴되고 판도라에서 대부분의 인간이 추방된 후, 오마티카야 부족은 헬스게이트의 외곽에 새로운 공동체 마을을 세웠다. 이곳에서 *마루이*를 지어 군집생활을 한다. 그러나 모두가 두려워하는 하늘사람들이 다시 판도라에 돌아오자, 오마티카야 족장 제이크 설리는 부족을 데리고 열대우림을 떠나는 힘든 결정을 한다. 부족은 할렐루야 산맥의 요새 같은 동굴 속에 은신처를 마련한다. 부족의 전사들은 이곳에서 RDA 시설 및 물품 보급로를 습격하며 맞서 싸운다.

# 하이 캠프

공중에 뜬 장대한 할렐루야 산맥 중에서도 몬스 베리타티스 산속에 위치한
동굴은 사방이 가로막혀 좀처럼 눈에 띄지 않는다. 제이크 설리는 오마티카야
부족원이 RDA로부터 숨을 은신처로 이 동굴을 택했다. 동굴 입구가 가로가
아닌 세로로 나 있는 점이 독특하다. 동굴내부로 들어가려면 *이크란*을 타고
바닥의 갈라진 틈 사이로 수직비행 해야 한다. 이후 전투에서 RDA를 상대로
기습작전을 펼칠 기지로도 쓰이는데, 동굴에 간이 링크 유닛과 연구실을
설치해서 나비족만 아니라 아바타의 활동도 지원하도록 만들었다. 하이
캠프는 저항군이 도피할 최후의 은신처인 셈이지만, 이곳에서 나비족과
인간이 더불어 살며 진정한 보금자리를 일군다. 최첨단기술과 원시부족의
생활이 한데 어우러지는 모습이 진풍경이다. 좁은 공간 안에 저항군의
두 문화가 섞이면서 이들의 공동체의식이 한껏 고조된다.

## 비밀 은신처

하이 캠프가 세워진 동굴은 할렐루야 산맥의 깊은 곳에 위치해 있다.
제이크 설리는 동굴을 발견한 즉시 부족의 은신처로 삼았다. 공중에 뜬
산이 동굴의 출입구를 단단히 가리고 있어서, 하이 캠프와 그 주변의
동굴은 RDA 이미징 궤도선의 레이더에 쉽게 포착되지 않는다. 정확한
대형을 지키도록 훈련만 한다면 RDA의 탐지를 피해 제이크의 작은
비행선을 몰 수도 있다. 때문에 RDA의 군사시설과 장비를 기습하는 데
이만한 기지가 없다. 제이크를 비롯한 저항군이 워낙 맹렬하게
기습공격을 퍼붓고 눈 깜짝할 새 사라지는 탓에, RDA로서는 하이
캠프의 위치를 찾는 것이 가장 급한 해결과제이다.

### 정보 파일

| | |
|---|---|
| **이름** 하이 캠프 | |
| **위치** 할렐루야 산맥 | |
| **지형** 울퉁불퉁한 돌 표면의 동굴 | |
| **주민** 인간 및 나비족 | |

**사회적 공간**

하이 캠프 중앙에는 모닥불과 몇 개의 공용공간이 있어서,
부족원이 한 데 모여 지도자의 연설을 듣거나 과학자들과 어울릴
수 있다. 최대의 위기를 맞은 저항군은 RDA 격파라는 공동의
목표를 위해 마음을 합친다. 그래서인지 하이 캠프에서는 전에
없던 깊은 우정이 싹튼다.

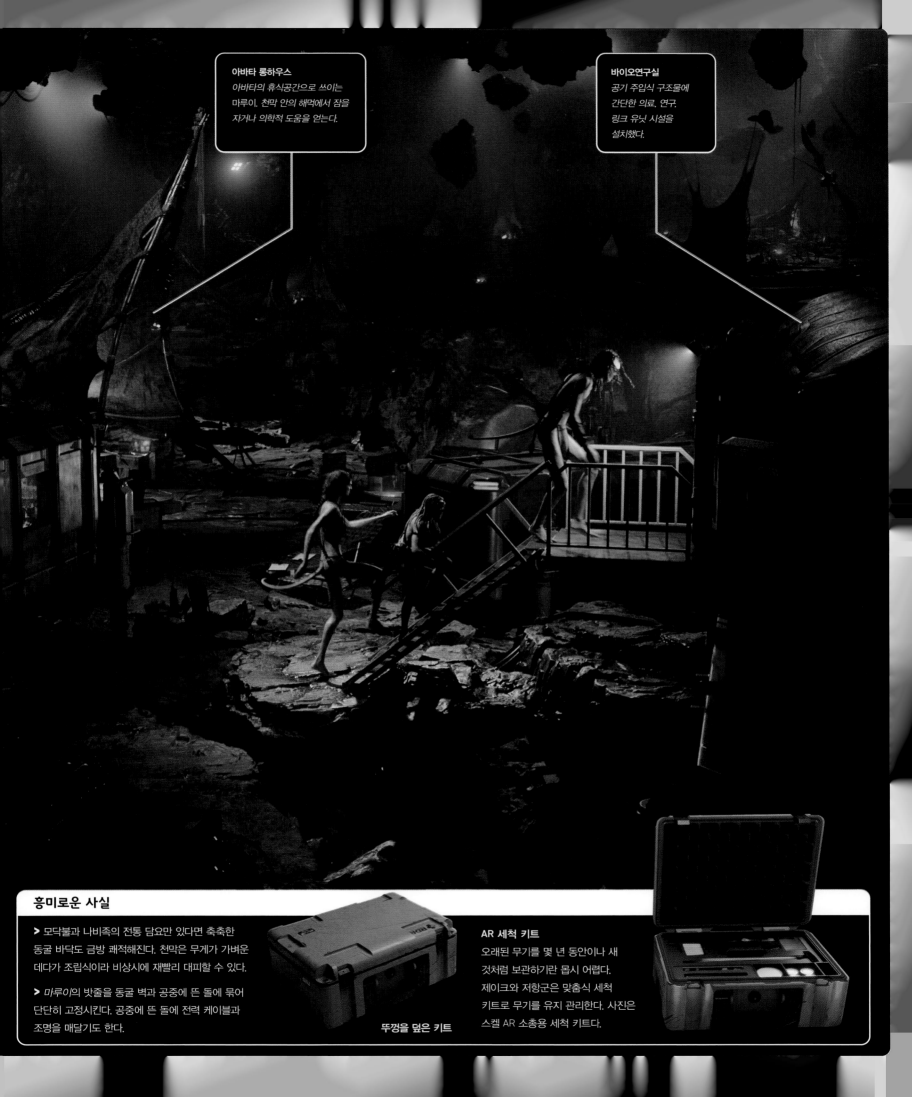

**아바타 롱하우스**
아바타의 휴식공간으로 쓰이는
마루이. 천막 안의 해먹에서 잠을
자거나 의학적 도움을 얻는다.

**바이오연구실**
공기 주입식 구조물에
간단한 의료, 연구,
링크 유닛 시설을
설치했다.

## 흥미로운 사실

▶ 모닥불과 나비족의 전통 담요만 있다면 축축한
동굴 바닥도 금방 쾌적해진다. 천막은 무게가 가벼운
데다가 조립식이라 비상시에 재빨리 대피할 수 있다.

▶ *마루이*의 밧줄을 동굴 벽과 공중에 뜬 돌에 묶어
단단히 고정시킨다. 공중에 뜬 돌에 전력 케이블과
조명을 매달기도 한다.

**뚜껑을 덮은 키트**

**AR 세척 키트**
오래된 무기를 몇 년 동안이나 새
것처럼 보관하기란 몹시 어렵다.
제이크와 저항군은 맞춤식 세척
키트로 무기를 유지 관리한다. 사진은
스켈 AR 소총용 세척 키트다.

# 마루이

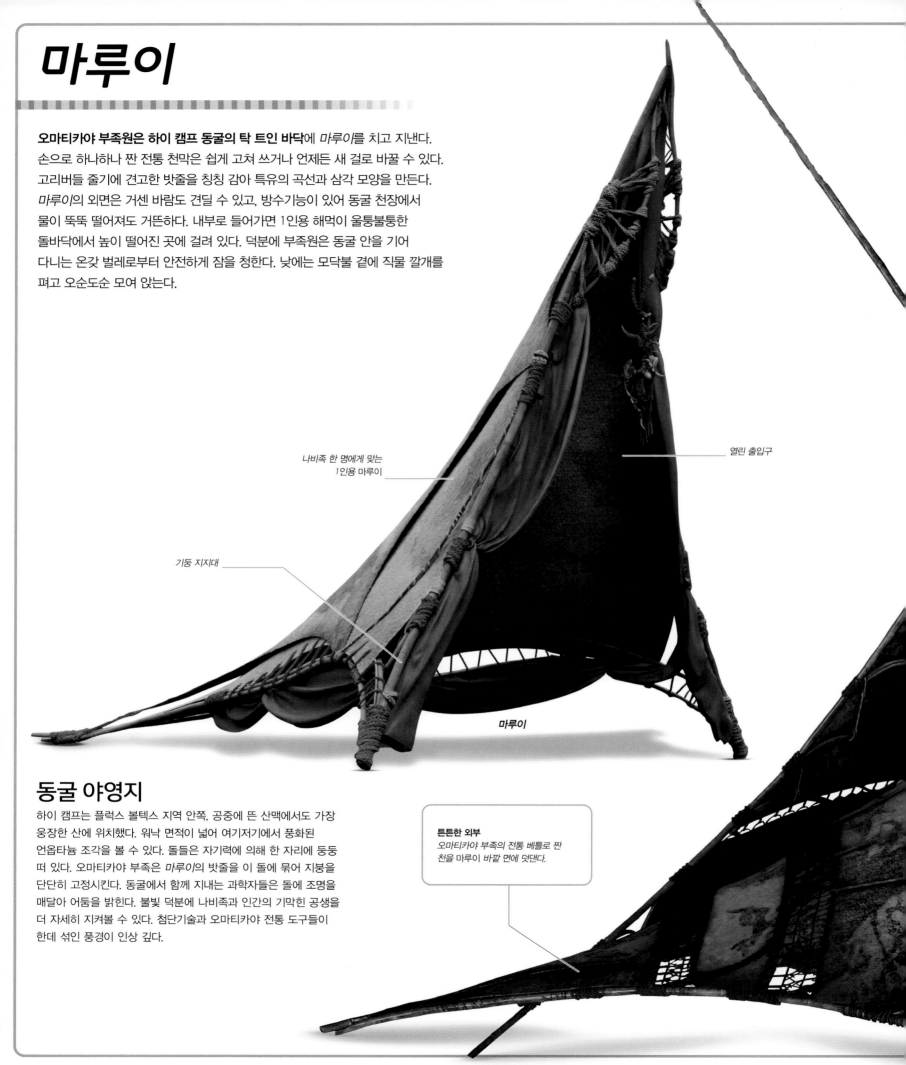

오마티카야 부족원은 하이 캠프 동굴의 탁 트인 바닥에 *마루이*를 치고 지낸다. 손으로 하나하나 짠 전통 천막은 쉽게 고쳐 쓰거나 언제든 새 걸로 바꿀 수 있다. 고리버들 줄기에 견고한 밧줄을 칭칭 감아 특유의 곡선과 삼각 모양을 만든다. *마루이*의 외면은 거센 바람도 견딜 수 있고, 방수기능이 있어 동굴 천장에서 물이 뚝뚝 떨어져도 거뜬하다. 내부로 들어가면 1인용 해먹이 울퉁불퉁한 돌바닥에서 높이 떨어진 곳에 걸려 있다. 덕분에 부족원은 동굴 안을 기어 다니는 온갖 벌레로부터 안전하게 잠을 청한다. 낮에는 모닥불 곁에 직물 깔개를 펴고 오순도순 모여 앉는다.

나비족 한 명에게 맞는
1인용 마루이

열린 출입구

기둥 지지대

*마루이*

## 동굴 야영지

하이 캠프는 플럭스 볼텍스 지역 안쪽, 공중에 뜬 산맥에서도 가장 웅장한 산에 위치했다. 워낙 면적이 넓어 여기저기에서 풍화된 언옵타늄 조각을 볼 수 있다. 돌들은 자기력에 의해 한 자리에 둥둥 떠 있다. 오마티카야 부족은 마루이의 밧줄을 이 돌에 묶어 지붕을 단단히 고정시킨다. 동굴에서 함께 지내는 과학자들은 돌에 조명을 매달아 어둠을 밝힌다. 불빛 덕분에 나비족과 인간의 기막힌 공생을 더 자세히 지켜볼 수 있다. 첨단기술과 오마티카야 전통 도구들이 한데 섞인 풍경이 인상 깊다.

**튼튼한 외부**
오마티카야 부족의 전통 베틀로 짠 천을 마루이 바깥 면에 덧댄다.

*마루이 출입구 쪽에 앉은 제이크와 네이티리가 긴급회의를 하는 동안 모앗이 설리 아이들과 스파이더를 돌본다.*

**오마티카야 토템**
홈트리가 파괴된 후 오마티카야
부족은 신성한 토템을 새로 만든다.
이 토템은 *이크란*을 기리는 물건으로
하이 캠프 생활에 꼭 어울린다.
마운틴밴시 무리가 늘 하이 캠프 상공을
날아다니며 부족의 일상에 없어서는 안 될
존재가 되었기 때문이다.

**마루이**

# 오마티카야 음식

**오마티카야 부족은** 고기, 야채, 과일, 씨앗, 그리고 향신료로 온갖 진귀한 음식을 만들며, 그 요리법을 무척 자랑스러워한다. 부족원은 각종 재료를 깍둑썰기 하거나 한데 섞어 준비한다. 자연에서 얻은 기름과 소금을 나뭇잎 접시에 칠해 그 위에 완성된 음식을 올리거나, 식용 잎 또는 *니크쩨이*라고 부르는 덩굴 식물에 싸서 먹는다. 수렵과 채집을 떠날 때나 가족이 둘러 앉아 식사할 때 모두 유용한 방식이다. 오마티카야 식단은 균형 잡힌 영양소를 갖췄다. 오직 부족의 필요를 채우고 판도라의 생태계를 해치지 않는 선에서만 고기를 사냥한다.

**과일 바구니**
버드나무 대와 끈을 엮어 만든 바구니에 판도라 과일을 담는다.

요보 과일

구운 버섯과 과일 정찬. 말린 제철 고무풀은 유목 부족과 물물 교환했다.

**채식 요리**

먹을 수 있는 단추 옥토쉬룸 버섯

**스파르탄프루트 풀잎에 올린 요리**

표범야자 열매는 버터를 바른 오렌지와 맛이 비슷하다.

## 공동 육아

오마티카야 부족은 주로 한곳에 모여 다함께 식사하지만 어린아이를 키우는 부모는 예외다. 이들은 아이의 잠을 깨우지 않고, 혹시 아이가 눈을 뜨더라도 편히 달랠 수 있게 따로 밥을 먹는다. 나머지 부족원은 직접 모은 과일과 야채를 바구니 가득 담아 건네주거나 잡은 고기를 나눠준다. 도움을 준 부족원은 어떠한 대가도 바라지 않는다. 오직 어린아이가 튼튼하고 건강하게 자라 부족이 대를 이어 생존하는데 기여하기를 바랄 뿐이다.

노화방지에 좋은 어린 스퀴드프루트 열매와 이파리

**고기 요리**

헥스 뿌리를 곁들인 스텀비스트 구이. 돌소금을 친 감귤과 곡물 위에 콩꼬투리 감자를 얹었다.

**도마**

### 흥미로운 사실

➤ 오마티카야 부족은 박자에 맞춰 다함께 노래 부르며 아이들에게 요리를 가르친다.

➤ 식사준비 곡은 돌림노래 형식을 띤다. 한 부족원이 선율을 부르기 시작하면, 다른 부족원이 중간에 비슷한 선율로 치고 들어온다. 마치 음식에 향신료를 뿌리듯 부족원마다 다른 빠르기와 박자로 노래에 다채로운 겹을 더한다.

껍질째 요리할 수 있다.

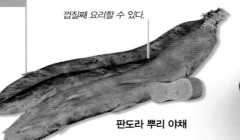

**판도라 뿌리 야채**

우투 마우티 (바나나 프루트)

**과일 그릇**

콩꼬투리를 말려 그릇으로 쓴다.

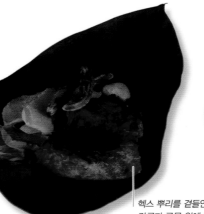

# 오마티카야 소품

오마티카야 부족은 매일의 생존에 필요한 실용적인 소품과 도구를 손수 만들어 쓴다. 뿐만 아니라 신앙을 대대로 전수하거나 놀이를 위해서도 소품을 제작한다. 재료는 전부 자연에서 얻는다. 나무, 광물, 박, 갈대, 잎사귀, 또는 동물의 가죽, 뼈, 발톱도 귀하게 쓰인다. 오마티카야 부족은 직물 짜기에 재능이 있다. 자연에서 본 모든 걸 몹시 정교하고 복잡한 문양으로 물건에 새기곤 한다. 일자로 딱 떨어지는 무늬는 드물다. 부족원은 종종 끝을 둥글게 굴리거나, 신성한 의미를 담은 나선과 미로같이 구불구불한 무늬를 짜서 자연 그 자체를 작품에 표현한다.

**헥사피드 장난감**
오마티카야 아이들은 어릴 적부터 공예를 손에 익힌다. 종종 숲에서 본 동물의 모양을 따서 소품을 만드는데, 덕분에 동물의 신체와 기능을 쉽게 배운다.

온순한 초식동물의 혀

겉 끈이 가죽의 바탕색을 나타낸다.

**나비족 깔개**

**해먹**

속 끈이 가죽의 두 번째 무늬색을 나타낸다.

**타고난 공예가**
오마티카야의 모든 부족원은 최소 한 개 이상의 공예기술을 갖춘다. 예컨대 누군가가 튼튼한 활시위를 꼬아 만들 때, 다른 부족원은 바느질로 가죽 안장을 꿰맨다. 모두가 가진 기술을 이웃에 나눠주며 더불어 지낸다. 이 끈끈한 협력과 유대감이 몇만 년 동안이나 부족을 하나로 지탱해 준 힘이다.

방수가 되는 동물의 가죽을 내피로 덧댔다.

박의 줄기를 꺾어 잔으로 만들었다.

콩꼬투리 내용물을 긁어내고 겉에 손으로 짠 직물을 씌웠다.

**바구니와 가방**
간단하지만 기능에 충실한 바구니와 가방. 종종 다채로운 문양과 장식이 자연에의 존경심과 작품을 만든 부족원의 자부심을 드러낸다. 주로 머리끈이나 어깨끈과 연결해서 몸에 맨다.

**바구니**

**물동이**

**찻잔**

**차 젓는 막대**

# 스파이더

**본명 마일스 소코로.** 별명인 '스파이더'로 불리는 걸 더 좋아한다. 아기 때부터 높은 곳에 기어오르는 걸 좋아해서 얻은 애칭이다. 스파이더의 친부모는 할렐루야 산맥 전투에서 전사했는데, 그들의 갓난아기가 지구로 가는 수면캡슐에 타기에는 너무 어렸다. 결국 스파이더는 제이크가 헬스게이트에 남도록 허락한 인간 가족의 손에 맡겨졌다. 설리 아이들이 자라나면서, 스파이더도 사남매의 일상에 늘 함께한다. 제멋대로지만 용감하고 언제나 모험에 목마르다.

리콤 부대에 포획된 스파이더는 브릿지헤드 기지로 끌려가 쿼리치 대령의 심문을 받는다.

## 설리 가족의 친구

스파이더는 나비족이 되어 열대우림을 자유롭게 누비며 살기를 간절히 바란다. 설리 아이들과는 오랜 친구지만, 점점 더 거대해지는 사남매의 발자국을 따라잡기가 벅차다. 스파이더 나름대로는 나비족의 생활방식과 외모를 모방하려고 애쓴다. 나비족처럼 머리를 땋고, 스파르탄프루트로 천연 염료를 만들어 나비족 신체의 파란 줄무늬를 온몸에 따라 그린다.

**스파이더의 칼**

얼굴 가리개

호박 칼날

프레임

조절 장치

오마티카야 어린이의 활

### 호흡기

스파이더는 항상 엑소 호흡팩을 휴대한다. 판도라에 사는 인간이 모두 그렇듯이 스파이더도 호흡기 없이는 2분을 넘기기 힘들다. 호흡팩에는 충전된 보조 배터리가 여러 개 들어 있다. 스파이더가 설리 아이들과 편안하게 숲에서 뛰노는 건 전부 호흡팩 덕분이다.

**1세대 엑소 호흡팩**

### 호흡 마스크

마스크에는 두 단계의 조절 장치가 달렸다. 배터리 전력을 이용해 공기 중의 산소와 질소를 거르고, 그렇게 얻은 산소를 작은 고압 탱크에 압축한다.

**정보 파일**

| | |
|---|---|
| **이름** | 마일스 '스파이더' 소코로 |
| **종** | 인간 |
| **소속** | 오마티카야 |
| **키** | 1m 83cm |
| **나이** | 16세 |

# 진정한 판도라 주민

영리한 스파이더는 일찍이 판도라의 숲에서 살아남는 법을 배웠다. 행성의 중력이 낮은 탓에 지구에 사는 또래의 친구보다 쉽게 나무에 오른다. 스파이더는 오마티카야 마을 산책을 특히 좋아한다. 먹기에 안전한 식재료도 잘 구별한다. 유창한 나비어는 물론이고, 미세한 소리를 듣거나 날카로운 감각으로 다른 생명체의 흔적을 추적한다. 숲에서 생존하려면 몸의 민첩함이 무엇보다 중요하다. 오랜 숲 생활로 스파이더의 몸도 나이에 비해 훨씬 건장하고 튼튼해졌다.

칼날 잠금 장치
(한 손으로 작동하는 구조)

**RDA 접이식 칼**

열대우림 잎 장식

**오마티카야 완장**

열대우림에서 난 천연섬유와 수공예 구슬로 만들었다.

**스파이더의 완장**

## 흥미로운 사실

> 스파이더가 자꾸만 숲에 가서 설리 아이들과 어울리자, 양부모는 이내 손과 발을 들었다. 아이를 설득해 헬스게이트 인간 공동체와 시간을 더 보내도록 해봐도 무용지물이다.

> 스파이더는 아바타 프로그램 과학자들 만큼이나 판도라의 생태계를 사랑한다. 행성에 대해 궁금해 하는 사람을 만나면 자기가 아는 모든 걸 알려주고 싶어 안달이다.

# 노엄 스펠먼 박사

그레이스 오거스틴을 이어 **아바타 프로그램의 수장**을 맡은 노엄은 어깨가 무겁다. 자기 가족과 오마티카야 부족, 그리고 헬스게이트의 인간까지 돌봐야 한다. 노엄은 나비족의 언어, 문화, 역사에 대해 지식이 깊다. 헬스게이트에 남은 인간 중에는 그 열정을 이길 자가 없다. 노엄은 제이크의 오른팔로서 종종 꼭 필요한 조언을 해준다. 덕분에 제이크는 인간의 관점을 두루두루 살피며 결정을 내린다. 노엄은 오마티카야 부족이나 헬스게이트의 인간과도 유대가 끈끈해서 두 공동체 사이를 잇는 외교역할을 한다.

노엄이 판도라 도착 초기에 입은 셔츠를 찢어 만들었다.

**두건**

## 맥스 파텔 박사

맥스 파텔 박사는 인간 추방 이후 판도라에 남은 몇 안 되는 사람이다. 제이크가 가장 신뢰하는 동료이자 절친한 친구다. 지난 십여 년을 판도라에서 지낸 덕분에 헬스게이트 연구실의 수장 격이 됐다. 하지만 RDA 방출 이후 15년 간 생물학적 또는 기술적 문제를 해결할 연구자원이 턱없이 부족해졌다. 파텔 박사와 팀원들은 전에 없던 창의적인 방식으로 문제를 해결해 나간다.

### 두 세계의 다리
노엄의 옷에는 인간, 오마티카야 부족, 그리고 올랑기 부족의 색이 모두 묻어 있다. 슬프게도 올랑기 부족은 할렐루야 산맥 전투에서 몰락했고, 생존자는 오마티카야 부족에 흡수됐다.

### 철저한 대비
노엄은 제이크와 마찬가지로 RDA의 귀환을 두려워하며, 행성을 지키기 위해서라면 언제든 부패한 세력과 맞서 싸울 준비를 마쳤다. RDA가 정말로 돌아오자, 노엄은 오마티카야 부족이 헬스게이트 정착지에서 하이 캠프로 신속히 대피하도록 돕는다.

링크 베드에서 며칠 잠을 잔 탓에 머리가 부스스하다.

바짓단을 싹둑 잘라 열대우림의 더위를 이겨 낸다.

### 정보 파일

| 이름 | 노엄 스펠먼 박사 |
| --- | --- |
| **종** | 인간 |
| **소속** | 오마티카야 |

오마티카야 직물

**파텔 박사의 호흡팩 주머니**

### 정보 파일

| 이름 | 맥스 파텔 박사 |
| --- | --- |
| **종** | 인간 |
| **소속** | 오마티카야 |

**박사의 복장**

### 흥미로운 사실

> 노엄은 할렐루야 산맥 전투 당시 피 흘리는 자신의 아바타에 외상 연고를 잔뜩 발라 그 신체를 지켜냈다.

> 노엄은 아바타 프로그램의 연구결과를 전부 담은 데이터 베이스를 모든 사용자가 보게끔 열어두었다. 미래의 과학자들이 이 자료로 연구를 이어나갈 것이다.

헬스게이트에서
제작된 인조 가죽 끈

스텀비스트
가죽 칼집

올랑기 부족의
스타일을 한 칼

**RDA 웹 벨트**

올랑기 부족의 다이어호스
안장 주머니에서 딴
무늬를 스텀비스트 가죽에
입혔다

**노엄의 가방**

**노엄의 칼**

주머니에 데이터 패드
및 각종 현장 연구
필수품을 담는다.

터키석과 색이 비슷한 돌을
가죽 끈에 덧댔다.

**가죽 완장**

**야전 가방**

나비족 장식

### 행동력 있는 과학자
타고나기를 내향적인 과학자이자
연구자인 노엄은 판도라에 온 뒤
의외의 행동력을 발휘한다. RDA와의
마지막 전투에서 자신감을 얻은 뒤
제이크의 신뢰마저 한 몸에 받으며
헬스게이트와 부족 사이에 없어서는
안 될 인물로 자리잡았다.

테트랍테론
비늘 장식

# 아바타 프로그램의 리더
노엄은 언제나 맡은 일을 꼼꼼하고 성실하게 준비한다. 그레이스
오거스틴 박사의 죽음 이후 제이크는 그를 아바타 프로그램의 수장
자리에 앉힌다. 노엄의 착실한 성품은 새 직무에서 더욱 빛을
발한다. 노엄은 과학자, 아바타 조종사, 지원인력 등 개성 강한
팀원들을 하나로 모으고 팀을 순조롭게 이끈다. 부족 곁에 머무는
제이크와 헬스게이트 연구실 사이 소통도 노엄의 몫이다. 노엄은
가능한 한 오랜 시간을 아바타에 접속해서 생활하려 하고, 그
상태를 지속할 새로운 방법을 찾으려고 애쓴다.

**올랑기 목걸이**
올랑기 부족의 전통 스타일을 따서
만든 목걸이. 간단한 초커에 그보다 긴
구슬 끈을 덧대어 엮는다.

# 하이 캠프 바이오연구실

**비록 외딴 곳에 급하게 지어졌지만**, 하이 캠프의 바이오연구실은
꽤 넓고 여러 기능을 수행하기에 충분한 설비를 갖췄다.
간이 링크 유닛과 그레이스 오거스틴 박사의 양수탱크는 물론,
부상자가 생기면 치료할 수 있는 응급의료시설도 있다.
판도라의 대기가 인간에게 치명적인 것과 달리 나비족은
'지구'의 대기에도 비교적 잘 적응한다. 때문에
연구실 내부는 인간이 숨 쉴 수 있는 공기상태를
유지한다. 연구실에서만큼은 호흡기를 차지 않아도
된다. 반면 나비족 방문자는 보조 이산화탄소
마스크를 착용해서 호흡에 도움을 받는다.
이곳에서 파텔 박사와 노엄을 비롯한 과학자들은
오마티카야 부족과 무척 가깝게 지내며 헬스게이트
시절에는 미처 몰랐던 판도라의 생태계를 깊이
들여다본다. 새로 얻은 정보가 판도라의 식물학, 동물학,
지리학 연구를 더욱 풍성하게 한다.

광케이블이 실시간으로 스캔한
데이터를 데이터 패드에 전송한다.

페트리 접시에 담긴
세균 용액을 잘 흔들어
배양한다.

시스템 모드
선택 장치

여러 감지기가
동시에 작동하며
뇌 이미지를 스캔한다.

**배양 샘플**

## 진단 헤드셋

거미줄을 닮은 신경 감지기는 나비족의 머리 크기에 맞춰 설계됐다.
원형 링크처럼 고급 스캐너를 사용할 수 없을 때 간단한 뇌 진단을
내려주는 장비다. 아바타의 건강과 링크의 효과를 유지하기 위해서는
아바타의 뇌 상태를 관찰하는 일이 몹시 중요하다. 하이 캠프의 모든
의료진이 진단 헤드셋을 항상 몸에 지니는 이유다. 뿐만 아니라
오마티카야 부족원의 신체에 문제가 생길 때도 진단 도구로서
유용하게 쓰인다.

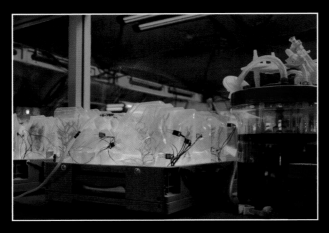

하이 캠프 과학자들은 종종 살아 있는
샘플로도 실험한다. 예컨대 판도라의
대기와 꼭 맞도록 통제된 실험실에서
행성의 식물을 연구한다. 로봇 팔로
샘플을 조작하거나 채취하고, 전력을
흘려보내 식물 신경망의 반응을
살핀다. 모든 결과 값은 컴퓨터
시뮬레이션을 여러 번 거친 뒤 추가
실험에 활용되고, 과학자는 이 과정을
몇 번이고 되풀이한다.

## *에이와* 네트워크

과학자들은 *에이와* 네트워크 연구에 특별히 더 힘을 쏟는다.
판도라의 모든 식물과 균사체는 마치 한 마음처럼 연결되어
상호작용한다. 나비족과 동물도 이 네트워크와 교감하며 정보를
주고받는데, 하이 캠프 과학자들은 그 비밀을 캐내려고 무척
애쓴다. 뿐만 아니라 과학자들은 헬리콥터를 타고 숲 탐험에
나서거나 아바타 상태로 *이크란*을 타고 아직 엿보지 못한 행성의
생물군을 샅샅이 찾아다닌다. 채취한 샘플은 섬세한 분류작업과
분석을 거친다. 간단한 도구와 전자 현미경, 분자 스캐너, 신속
유전자 감식기 등 수준 높은 기술력을 동시에 사용한다.
연구실 중앙에는 24시간 내내 *에이와* 네트워크의 가상 모형을 띄워
꼼꼼히 살핀다.

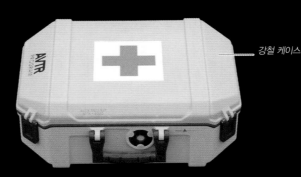

강철 케이스

**현장에서 살아남기**
RDA의 첨단장비 없이 아바타를 관리하는 일은 쉽지 않다.
다행히 하이 캠프 연구실의 의료시설에는 아바타용 표준
구급용품 키트가 적잖이 준비돼 있다. 파텔 박사가 삼손
수송기에 가능한 한 많이 실고 온 덕이다.

**자연에서 채취한 샘플**
샘플 채취와 보관은 판도라 생태 연구에 있어 몹시 중요하다.
그 중 식물 샘플이 특별히 더 귀하다. 행성 전체를 하나로
연결하는 *에이와* 네트워크가 연구의 주된 관심사인데,
식물행동을 관찰할 때 그 연결망을 자세히 엿볼 수 있기
때문이다.

2장 : 오마티카야 부족

단단한 내부와 외부 프레임이
여압튜브의 무게를 지탱한다

## 흥미로운 사실

> 하이 캠프 바이오연구실은 RDA의 오랜 건축양식을 따랐다. 단단한 프레임이
건물을 지탱하고, 공기주입식 튜브로 외벽을 감쌌다. 쉽게 이동 가능한 게 장점이다.
알루미늄 건물에 비해 튼튼하지는 않지만 과학자들과 아바타 조종사들의 필요를
채우기에는 부족함이 없다.

> 양수탱크는 오거스틴 박사의 아바타를 건강하게 지켜 주고, 탱크 안의 용액을
계속 걸러 주면서 온도를 따뜻하게 유지한다. 뿐만 아니라 아바타의 탯줄을 통해
영양분을 공급한다. 과학자들은 헬스게이트의 의료자원이 점점 바닥나고 있어
자연에서 얻은 영양분을 오거스틴 박사의 아바타에 조달할 방법을 연구 중이다.

소박한 간이연구실에서는
책과 종이마저 소중한
재료다.

**기념사진**
생생한 사진이 아바타
프로그램의 초기 모습을
담고 있다.

# 링크 베이

**아바타 프로그램은 놀라운 과학적 연구 성과를 남겼지만,** 피비린내 나는
갈등도 낳았다. 많은 아바타 조종사가 RDA를 저버렸다. 파텔 박사는 나비족의
편에 선 아바타 조종사들을 위해 하이 캠프 바이오연구실의 칸막이 너머에
마지막 링크 유닛을 남겨둔다. 할렐루야 산맥 구석에 꼭꼭 숨은 링크 베이
덕분에 아바타 조종사들은 제이크와 오마티카야 기습대원을 도와 자유롭게
판도라 행성을 활보할 수 있다. 링크가 작동하는 정확한 범위는 모른다.
그러나 과학자들은 아바타가 행성 이곳저곳을 탐험하는 동안 별다른 문제가
없던 걸로 보아 링크 베이와 아바타 간의 거리는 무관하다고 짐작한다.

## 흥미로운 사실

> 하이 캠프에서는 수면 중인 아바타를 *마루이* 안쪽에 걸린 해먹에
> 눕혀 보관한다. 그곳에서 아바타의 건강상태를 지속적으로 관찰한다.

> 하이 캠프의 아바타 조종사들은 링크 베이 부엌에서 요리를
> 해먹거나 테이블 하키 게임을 하며 휴식을 취한다.

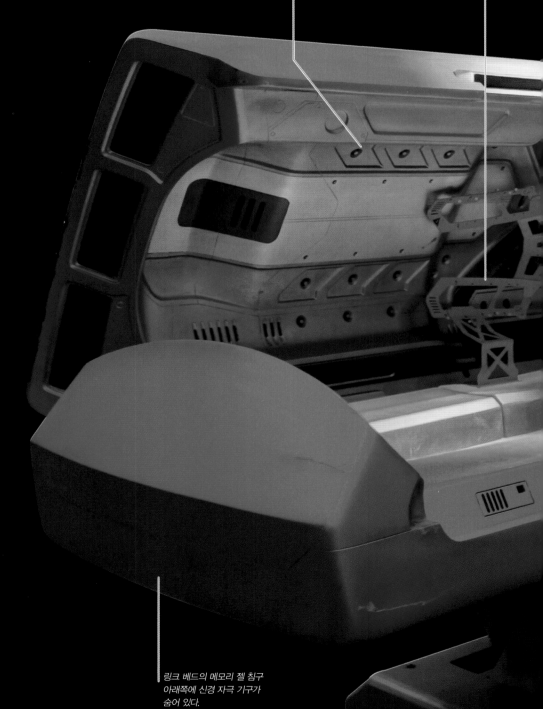

신경 유도 장치가 아바타
조종사에게 감각을 주입한다.

생체 측정 감지기가 아바타 조종사의
의학적 데이터를 제공하며 안전을
보장한다.

링크 베이는 수술실처럼 깨끗했던 헬스게이트 링크 룸에 한참 못
미치지만, 그래도 무척 요긴하다. 뒷면 벽을 따라 네 개의 링크 유닛을
설치했고, 동굴 안에 몇 개의 작은 오두막을 지어 그 속에도 링크 유닛을
두었다. 하이 캠프 과학자들은 오롯이 팀원들의 힘으로 링크 체계를
운영해야만 한다. 이제는 RDA의 기술적 지원을 받지 못하는 까닭이다.
고된 노력과 기발함으로 그럭저럭 잘 해내지만, 이 낡고 섬세한 장비를
유지관리 하는 일은 24시간을 다해도 모자란다.

## 신경 연결

링크 유닛은 인간 조종사와 아바타의 신경을 연결하는 장치다.
아바타는 조종사의 뇌와 중추신경계를 본떠 설계된다. 이 신경은
평소에는 수면상태였다가 유전자가 일치하는 조종사의 뇌와 연결되는
순간 깨어난다. 두뇌가 완벽하게 합체를 이루면, 조종사는 마치 아바타가
자기 몸인 것처럼 자유자재로 움직일 수 있다. 조종사의 몸은
링크 유닛에 누운 채로 아바타의 몸과 생생하게 상호작용하며
원격조종을 하는 셈이다.

링크 베드의 메모리 젤 침구
아래쪽에 신경 자극 기구가
숨어 있다.

커다란 화면이 조종사와 아바타의 연결 상태 및
실시간 생체 측정 결과를 표시한다.

**이동식 링크 유닛**

링크 유닛의 침대에는 여러 기능이 있다. 그 중 조종사의 뇌
주변을 둘러싼 도넛 모양의 고리가 핵심이다. 이 고리로
조종사의 뇌신경을 탐지할 뿐만 아니라 조종사가 아바타
접속 중에 느끼는 모든 감각을 유도한다.

비상 정지 버튼

시스템 단계 조절판

뇌 스캔 고리가
빠르게 돌며
작동한다.

원형 링크

조종사의 다리를 올려놓는 판

| 정보 파일 | |
|---|---|
| **제조사** | RDA 연구팀 |
| **모델** | L1-1 |
| **소속** | 아바타 프로그램 |

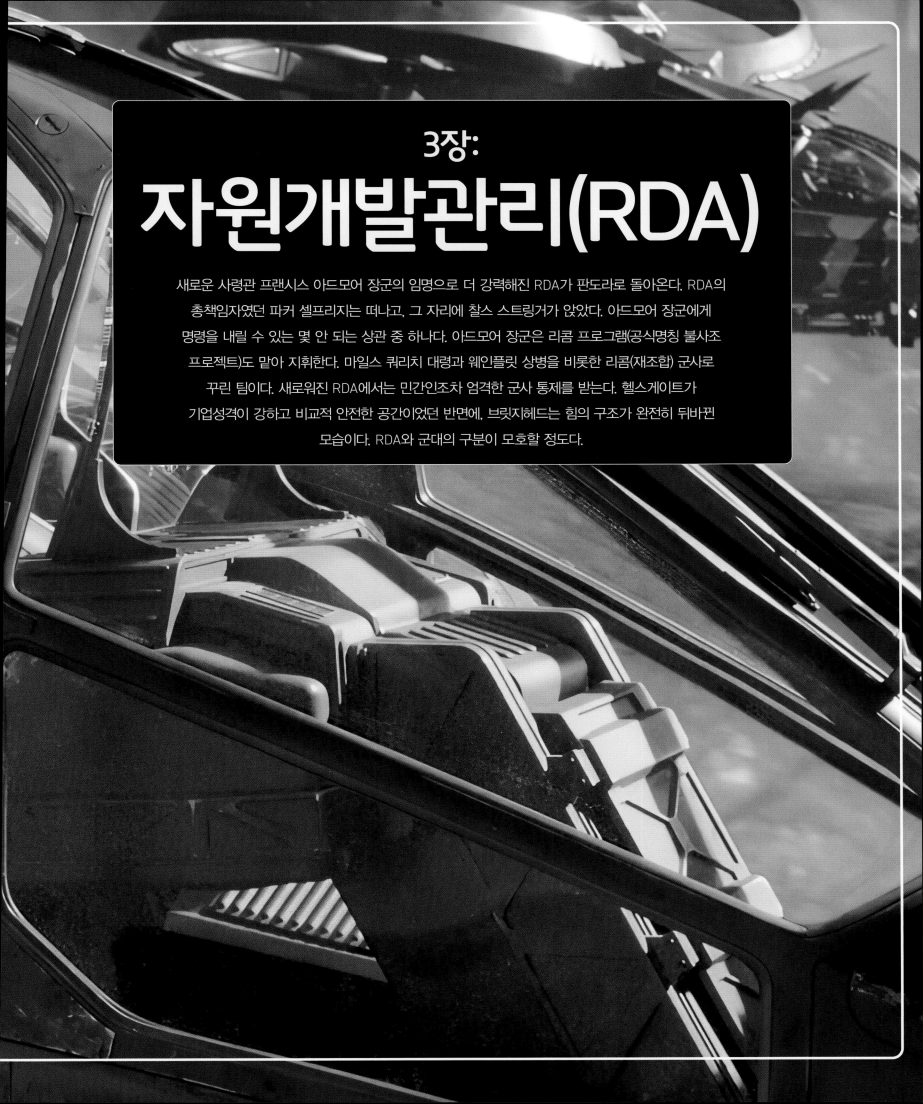

# 3장:
# 자원개발관리(RDA)

새로운 사령관 프랜시스 아드모어 장군의 임명으로 더 강력해진 RDA가 판도라로 돌아온다. RDA의 총책임자였던 파커 셀프리지는 떠나고, 그 자리에 찰스 스트링거가 앉았다. 아드모어 장군에게 명령을 내릴 수 있는 몇 안 되는 상관 중 하나다. 아드모어 장군은 리콤 프로그램(공식명칭 불사조 프로젝트)도 맡아 지휘한다. 마일스 쿼리치 대령과 웨인플릿 상병을 비롯한 리콤(재조합) 군사로 꾸린 팀이다. 새로워진 RDA에서는 민간인조차 엄격한 군사 통제를 받는다. 헬스게이트가 기업성격이 강하고 비교적 안전한 공간이었던 반면에, 브릿지헤드는 힘의 구조가 완전히 뒤바뀐 모습이다. RDA와 군대의 구분이 모호할 정도다.

# 착륙 모듈

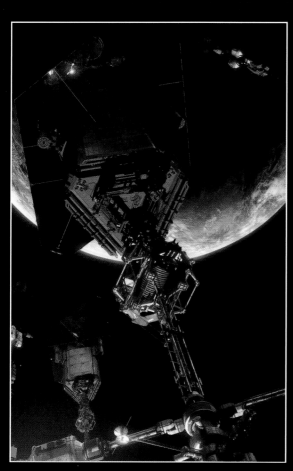

과거 헬스게이트 작전을 펼칠 때와는 달리, 판도라로 다시 돌아온 RDA는 무섭게 속도를 낸다. 내부측의 즉각적인 공격에 대비하기 위해 짧은 시간 안에 작전기지를 건설해야만 한다. 기술자들은 그 모안으로 새 착륙 모듈을 설계한다. 착륙 모듈은 다부진 생김새답게 우주세들의 배에 담하는 화물간을 탑재했다. 땅을 고르고, 기지를 세우고, 방어벽을 세우는 데 필요한 장비를 한가번에 운반할 수 있다. ISV 함대가 착륙 모듈을 판도라로 예인한 뒤 슬링 로드(하중평형유지) 기술로 땅에 내리다. 착륙 모듈이 땅에 닿아 놀라운 장어력을 드러내는 순간, ISV의 역할은 거기서 끝이 난다.

### 침탁함대

RDA가 판도라를 다시 장악하기 위해 보낸 침탁함대에 구성인 착륙 모듈을 실은 ISV가 대부분이다. ISV는 대기권 수송선(TAV)보다 빠르고 효율적으로 무거운 장비나 인력을 운반한다.

## 슬링 로드

착륙 모듈에는 갖가지 장비들을 싣는다. 가장 먼저 내릴 선체에는 땅을 평평하게 고를 불도저와 굴착기, 그리고 기지의 안전을 지킬 다양한 군사 장비를 싣는다. 뒤이어 조립시 건축 구조물과 임시 방어벽, 건설 장비, 광물 추출기, 그리고 3D 프린터를 운반한다. 사람은 자오 수면캡슐 안에서 잠자는 채로 판도라에 도착한다. 소수의 의료기술자가 긴 비행 내내 탐승자의 건강상태를 감독한다.

착륙 모듈은 무려 40층 건물 높이이다.

착륙 모듈의 이빠인 빛을 반사하는 소형 냉각장치로 덮여 있다. 오랜 우주비행과 착륙 시 인도조절 및 엔지까열 예방 기능을 한다.

흥미로운 사실

▶ 자오수면캡슐에 탄 군사가 깨어나면 종종 별도자의 숨이라 부르는 구축를 롱긴다. 중장비의 연료에 긴 시간 동안 노출된 탓이다.

▶ 슬링 로드는 거대한 자동판매기처럼 물건을 쏟아내기 때문에 각종 장비와 자재를 효율적으로 포정하는데 주름를 기울인다.

착륙 지지대
거대한 충격 흡수 충립과 조절이 가능한 지지대를 사용해 안전하게 땅에 착지한다.

정보 파일

제조 DF
모델 척륙선
소속 RDA 통함개별림
높이 176m
최고속력 예인선 ISV의 최고속력과-
탐승인원 최대 300명
무기 XW460 타이폰 포탑 2대, 40mm
기관포, AG-MFM 335 미사일

건설 장비
군사용 건설 장비를 유안시 승강기와 돌판 위에 선는다. 참락 시 효율적으로 배치하기 위함이다.

벽력 배치
슬링 로드 착륙지점 주변의 안전을 지키기 위해 중무장한 AMP 슈트 및 동축대를 지베로게 펼쳐 대응을 짓준다.

# 침략군

**아드모어 장군이 이끄는 RDA는** ISV 매니페스트 데스티니 함선을 타고 판도라에 도착한다. 추가로 아홉 대의 귀항선이 선체 주변을 에워싸고 있다. 죽어가는 지구 대신 판도라를 인류의 새 집으로 삼기 위해서다. 그러나 제이크를 비롯한 나비족이 쉽게 행성을 포기할리 없다. 판도라의 궤도에서부터 깊은 오마티카야 정글 속까지, 장군과 RDA는 제이크와 그의 가족을 추격하기 위해 어디서든 전투를 마다하지 않는다. 헬스게이트는 이미 반쯤 무너져서 전략적으로 아무 쓸모가 없다. 아드모어 장군은 서둘러 새 요새인 브릿지헤드 시티를 건설할 채비를 한다.

**끔찍한 충격**
판도라의 동식물이 파괴되는 광경을 본 나비족의 마음이 산산이 부서진다.

착륙 모듈 외부를 단열재로 처리해 엔진 열로부터 보호한다.

착륙 모듈에 착륙 유도등과 조립식 착륙 지지대를 탑재했다. 착륙 모듈의 생김새는 우주선, 사무용 건물, 석유굴착장치를 섞어놓은 듯하다.

착륙 모듈은 행성의 물리적 조건과 진공상태를 견딜 만큼 튼튼해야 한다.

AMP 슈트, 돌격대, 중장비 등이 대형 램프를 통해 쏟아져 나온다.

## 흥미로운 사실

> 아드모어 장군과 원정군의 판도라 침략 계획을 허가한 건 지구의 고위 정부 관계자다. 이들은 대대적인 허위정보를 흘려 대중의 눈을 속였다.

> 제이크는 지구의 심각한 상황을 미처 모르고 있다. RDA의 귀환이 그저 언옵타늄 때문이라고 짐작한다. 그러나 RDA의 새 목표는 기적의 물질 암리타를 채취하고, 황폐한 지구 대신 인류가 생존할 행성을 찾는 데 있다.

착륙 모듈 견본

**슬링 샷**

ISV 함선이 1.5g의 반물질 엔진을 가동하며 판도라의
상공을 맴돈다. 거대한 윈치에 끝없이 긴 선을 연결해 착륙
모듈을 땅으로 내린다.

RDA 군대의 최우선 목표는 방어벽을 세우는 일이다.
가장 먼저 불도저를 전면에 내보내 적군에게 표식을
제공할 만한 잔해를 전부 치운다. 이 때 브릿지헤드를
건설할 토지뿐만 아니라 도시의 영구적인 방어막이 되어줄
킬 존의 부지도 닦아 놓는다. 돌격대가 불길 속에서 작업할
때는 특수제작한 방호복을 입는다. 화산학자가 사용하는
보호 장비와 비슷한 재질이다.

# 브릿지헤드
## 위성 지도

RDA의 새 기지, 브릿지헤드는 요새라기보다 거대한 도시에 가깝다. 캘리포니아 롱비치와 견줄만한 규모로, 기존의 헬스게이트보다 훨씬 더 클 뿐만 아니라 이름에 걸맞게 판도라를 식민지배할 교두보로서 필요한 모든 걸 갖췄다. RDA는 이 외계 '신도시'를 건설하기 위해 다수의 하청업체를 고용했다. 모두 고수익을 노리며 판도라까지 동행한 기업들이다. RDA 통합개발팀이 이 벌집처럼 복잡한 건설현장 및 브릿지헤드와 기타 시설의 토지개발을 총감독한다. 사람들은 더러 브릿지헤드를 가리켜 죽어가는 지구의 마지막 희망이라고 부른다. RDA의 표어가 도시 곳곳의 풍경에서 묻어나온다. : "내일을 건설하자."

| 정보 파일 | |
| --- | --- |
| **중심 구역 직경** 9.6km | |
| **킬 존 직경** 16km | |
| **킬 존 너비** 3.2km | |
| **출입구** 정문 3개, 수문 3개 | |
| **수용인원** 200만 명 (완공 시) | |

**천 대의 중장비가 일하는 도시**

브릿지헤드 건설은 최소 몇 년간 이어질 초대형 계획이지만 '슬링 로드' 기술 덕분에 판도라 도착 첫 날부터 공사가 제법 진행되었다. 다만 강철, 콘크리트 같은 공사자재는 전부 판도라에서 캐내기 때문에 서둘러 광산을 발굴하고 골재채석장과 콘크리트 공장을 세워야만 본격적인 건축에 돌입할 수 있다.

### 흥미로운 사실

> 브릿지헤드의 방어벽은 길이가 30.5km 에 달한다.

> 방어벽은 거대한 철탑을 따라 각종 무기와 미사일 시스템이 설치되어 가공할만한 화력을 자랑한다.

## 킬 존

브릿지헤드 밖에는 제이크나 나비족 전사 말고도 위험요소가 각처에 숨어 있다. 특별히 판도라의 무시무시한 야생동물로부터 기지를 보호하기 위해 3.2km 너비의 킬 존을 만들었다. 이 황량한 땅은 마치 띠처럼 도시의 벽과 숲 사이를 분리한다. 제초제를 뿌려 지속적으로 풀을 제거하며, 자동화된 무기를 설치해 가까이 다가오는 생명체를 단숨에 저지한다. 킬 존도 한 때는 숲의 일부였지만, 이제는 죽음의 띠가 되어 *에이와* 네트워크 및 판도라의 동식물을 한 뼘 거리에서 지켜보고 있다.

킬 존

육지 방어벽

서쪽 정문

육지 방어벽

킬 존

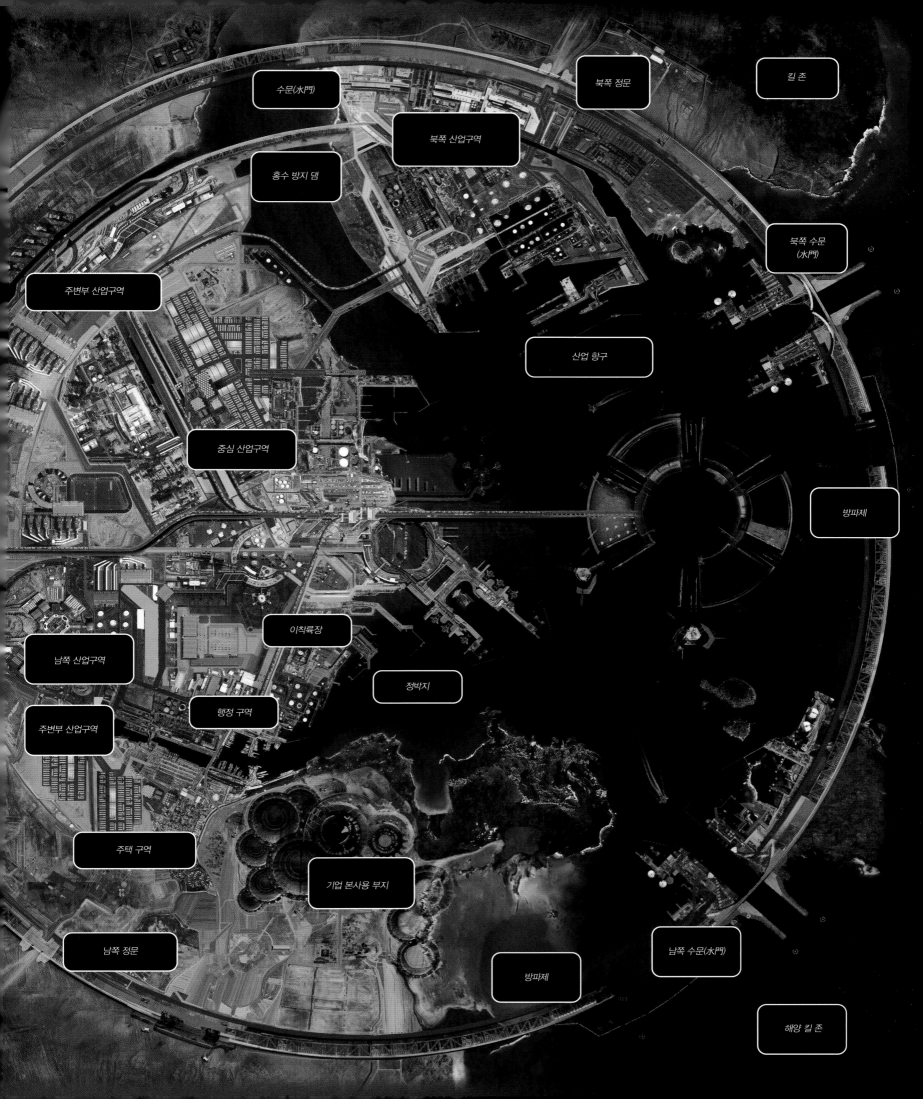

수문(水門)

북쪽 정문

킬 존

북쪽 산업구역

홍수 방지 댐

북쪽 수문
(水門)

주변부 산업구역

산업 항구

중심 산업구역

방파제

이착륙장

남쪽 산업구역

정박지

행정 구역

주변부 산업구역

주택 구역

기업 본사용 부지

남쪽 정문

남쪽 수문(水門)

방파제

해양 킬 존

# 브릿지헤드 OPS 센터

## 정보 파일

| | |
|---|---|
| **이름** 브릿지헤드 Ops 센터 | |
| **민간인 규모** 약 180명 | |
| **보안팀 규모** 약 120명 | |
| **홀로그램 장비** 홀로플로어 1대, 컨퍼런스 2대 | |
| **디스플레이** 4개 타입, 가상홀로그램 유리 | |
| **데이터 백본** 트라이톤 7 VOS | |
| **데이터 소스** 대시보드 카메라, 원격측정장비, 볼륨 비주얼 데이터, 아카이브 | |

**브릿지헤드에서 가장 바쁘게 돌아가는 곳**은 단연 최첨단 Ops(운영) 센터다. 드넓은 공간 안에서 민간인과 군인 관계자가 협력하여 RDA의 각종 임무를 처리한다. 채굴 및 고속 건설 임무부터 RDA 보안팀의 방위 · 호송 작전까지, 모든 것이 이곳 Ops 센터의 엄격한 계획과 통제 하에 이루어진다. 건물 면적이 웅장한 공항터미널을 방불케 하며, 고도화된 데이터 디스플레이를 곳곳에서 볼 수 있다. RDA 보안팀의 거대한 격납고에는 브릿지헤드 군용 차량의 유지와 보수 장비를 보관한다. RDA 연구팀의 풍경은 좀 더 정제된 느낌이다. 뉴로랩의 뇌 이미징 부스에는 RDA 과학자들에게조차 새로운 최첨단 신경회로 검사 및 자극 장비가 설치돼 있다.

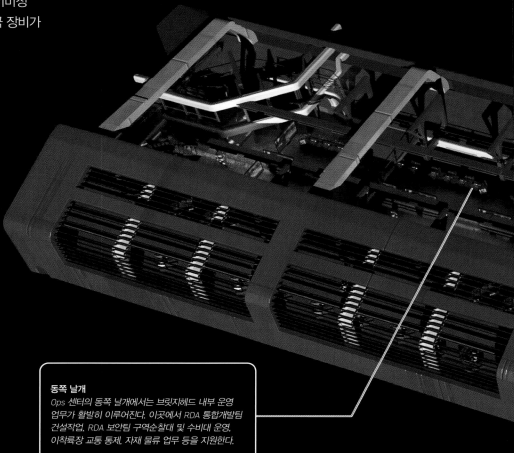

홀로그램 프로젝터의 대형 그리드가 유리바닥 아래로 배열되어 '홀로플로어' 영역을 생성한다. 중복 구동 이미터를 설치해서 사용자가 이미지 사이로 걸을 때 화면이 왜곡되는 현상을 최소화했다. 천장의 카메라와 감지기가 사용자의 몸짓과 손짓을 따라가며 데이터 간 상호작용과 인터페이스 요소들을 가능케 한다. 데이터패드와 개인 홀로그램 장비를 통해 홀로플로어로 '대화'하거나 홀로그램 인터페이스패널 간에 정보를 주고받을 수 있다.

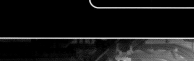

### 동쪽 날개
*Ops 센터의 동쪽 날개에서는 브릿지헤드 내부 운영 업무가 활발히 이루어진다. 이곳에서 RDA 통합개발팀 건설작업, RDA 보안팀 구역순찰대 및 수비대 운영. 이착륙장 교통 통제, 자재 물류 업무 등을 지원한다.*

### RDA 보안팀 격납고
AMP 슈트와 스켈 슈트부터 지상강습차량, 시와스프, 케스트렐 건십에 이르기까지 RDA의 모든 군용 차량의 보관, 유지, 보수를 이곳에서 담당한다. 무기기술자들은 총기와 미사일 시스템이 판도라의 열대기후에서도 최적의 기능을 유지하도록 최선을 다한다. 정비사들도 적군과의 격투 끝에 망가진 장비를 새 것처럼 수리하는 데 힘을 보탠다.

# 지휘사령부

RDA 신경 센터의 지휘사령부는 다름 아닌 홀로플로어와 그 주위를 둘러싼 계기판이다. RDA 운영에 필요한 모든 데이터– 비디오 자료, 지도, GPS 차량 통행, 주변 환경을 스캔한 3D 라이브 및 아카이브 이미지– 들이 한 데 모여 있다. 숙련된 기술자들이 이 데이터를 보기 좋게 정리해서 선임 지휘관, 예컨대 아드모어 장군이 상황을 정확하게 파악하고 전략을 짤 수 있도록 지원한다. 사령부의 의사결정에 필요한 정보가 전부 눈앞에 펼쳐져 있기 때문에 제 아무리 복잡한 작전이라도 손쉽게 여러 선택지를 검토하고 수행할 수 있다.

### 뉴로랩

DPF의 뉴로섹트 E7.2T 스캐너는 RDA의 최첨단 의료 시설 중에서도 핵심 장비다. 이 스캐너로 뇌 데이터를 실시간으로 수집하고 홀로그램 디스플레이에 띄운다. 출력된 데이터는 특수 워크스테이션으로 옮겨져 분석과정을 거친다.

### 남쪽 날개

Ops 센터의 남쪽 날개에서는 브릿지헤드 외부 운영 업무가 활발히 이루어진다.
: 광산, 파이프라인, 자기 부상 물질 운송 및 고중량 원격 차량.

**Ops 센터**

*9m 길이의 홀로플로어가 더욱 풍성하고 실감나는 데이터 환경을 제공한다.*

### 브릿지헤드 Ops 센터 홀로플로어

브릿지헤드 Ops 센터에서는 길이 76cm, 너비 61cm, 높이 46cm의 입체 홀로그램 디스플레이로 생동감 넘치는 작전 및 전술 데이터를 확인할 수 있다. 민간인 또는 군사 관계자가 복잡한 데이터화면 속으로 직접 걸어 들어가서 실시간으로 조작을 하며 빠르고 효율적인 의사결정을 내린다.

## 흥미로운 사실

> 이 밖에도 브릿지헤드 내부에는 연구실, 제조 작업실, 항해용 장비를 조종하는 탑과 보관하는 행거 등의 시설이 더 있다.

> 연구실은 RDA 연구팀 구역에 모여 있다. 실험이 매우 정교하고 비밀유지가 중요하기 때문에 주변 보안이 철저하다.

**브릿지헤드 뉴로랩 뇌 이미징 부스**
사람의 뇌신경을 탐지하고 조작하는 RDA만의 독자기술은
아바타 프로그램의 링크 시스템에서 처음 빛을 발했다.
그러나 브릿지헤드의 뉴로랩은 그걸 넘어서는 차원이다.
먼저 최첨단 뉴로섹트 스캐너가 실시간으로 사용자의
뇌에서 시각 기억을 추출하면, 최초로 개발된 홀로플로어
디스플레이를 통해 과학자들이 뇌 이미지 위를 직접 걸어
다니며 관찰할 수 있다.

# 3D 프린팅 조선소

RDA가 **판도라를 착취하고 식민지화 하는 데**는 엄청난 양의 자재와 도구가 든다. ISV 만으로는 모든 물품을 옮기기 어렵다. 중장비를 운반하려면 선체의 속력을 빛 속도의 70%까지 높였다가 다시 낮춰야 해서 몹시 까다롭다. 따라서 RDA는 가능한 한 판도라 행성에서 많은 건설 자재를 채굴하려고 애쓴다. 그러려면 제조기술이 무척 중요하다. 그 중 핵심은 첨단 3D 프린팅 기술이다. 판도라 행성에서 추출한 금속이나 석유화학물질을 3D 프린터에 넣으면 막대한 양의 부품, 무기, 로봇, 데이터 장비, 심지어는 건물까지도 찍어낼 수 있다. 그 다음 자동화된 생산 라인에서 고속 조립을 거친다. 인간의 개입을 최소화하면서도 공장 가동만으로 폴리페무스의 달을 재정복하기 위한 자원을 충분히 갖춘다.

고출력 갠트리 프린터는 여러 개의 프린트 헤드가 조화를 이루며 작동한다.

부품의 정확도를 높이기 위해 정교한 모터와 지속적인 교정이 필요하다.

압축 튜브를 통해서 금속 가루를 프린터 헤드에 공급한다.

고온 상태의 출력물도 곧 식기 때문에 곧바로 덧인쇄가 가능하다.

RDA의 첨단 제조기술로 미세한 양자 컴퓨터 부품부터 거대 군용 선박 시드래곤까지 전부 만들 수 있다. 3D 프린터 베드보다 크기가 작은 부품은 한 번에 찍어내지만, 더 큰 부품은 단품으로 만든 뒤 천장에 달린 기중기와 용접장치를 활용해 조립해야 한다. 3D 프린트 기술자들은 홀로그램 인터페이스로 각 조각 또는 부품이 얼마나 완성됐는지 유심히 살핀다.

## 빛을 활용한 제조기술

배의 선체와 같은 금속 부품은 몹시 정교한 레이저직접증착 (DLD) 과정을 거쳐 제작된다. 레이저 프린트 헤드가 고속 회전하며 금속 가루를 가열한 다음. 용융된 금속을 바닥면에 출력한다. 그 위로 여러 개의 얇은 막이 겹겹이 쌓여 굳으면 단단한 금속 부품이 된다. 이후 더욱 정교함을 요구하는 부품만을 떼어 기계로 다듬기도 하지만, 대부분 3D 프린터 출력물을 그대로 사용한다. 플라스틱이나 합성물. 복잡한 전자기기까지도 3D 프린터로 제작이 가능하다.

### 흥미로운 사실

> RDA는 조립작업을 최소화하기 위해 3D 프린터로 한꺼번에 많은 물건을 출력한다. 여러 개의 프린터 헤드가 각기 다른 재료로 바쁘게 출력물을 찍어 낸다.

> 모든 RDA 장비를 판도라에서 출력할 수는 없다. 고도의 기술을 요하는 양자전자공학이나 초미세부품들은 지구에서 운반해 온다.

> RDA는 제조과정을 가능한 한 자동화한다. 그러나 피할 수 없는 비상상황에 대처하기 위해 언제나 예비 인력이 대기한다.

> 브릿지헤드에서 가장 큰 프린터는 길이 67m x 너비 20m x 높이 14m 의 출력부피를 자랑한다.

# 브릿지헤드 건설

**브릿지헤드와 그 주변 시설을 구축하는 일은** RDA가 판도라에서 시도한 최대 규모의 프로젝트로, 계획 단계에서부터 도전의 연속이다. 이제까지의 논리를 뛰어넘는 혁신적인 기술과 전면적인 자동화가 필요하다. RDA의 새 부서인 통합개발팀(CON-DEV)이 작업을 총감독하며 로봇 및 알고리즘 기술로 모든 과정을 전개한다. 인간은 멀리 떨어진 사무실에서 장비를 원격조종할 뿐, 실제 작업은 전부 RDA 첨단장비의 힘을 빌린다. 원자재 채굴부터 최첨단 제조과정, 대형 건축물 조립까지 전적으로 RDA의 생산적이고 조직화된 새 건축방식을 따른다.

조립 및 공기주입식 임시 구조물

텔레스코핑(높낮이 조절) 기능을 탑재한 기중기로 면적 범위를 최대화했다.

감지기가 컴퓨터 네트워크의 '뇌'로 정보를 전송한다.

통합된 직접전자구동 방식의 허브리스(축이 없는) 바퀴

## 개척자의 도시

숲이 무성하고 습한 판도라의 열대기후와 대조되는, 탁한 흙색 풍경의 브릿지헤드. 그러나 집을 떠나 새 땅을 찾아온 개척자의 도시가 으레 그렇듯이 브릿지헤드도 새로운 도전으로 바삐 움직이는 사람들 덕에 제법 분위기가 활기차다.

조종사는 삽으로 물건을 집거나 줄에 고리를 매달아 들어 올린다.

방호봉이 장착된 가스주머니

### 정보 파일

| | |
|---|---|
| **제조** | FDM 중장비 |
| **모델** | MC-RA 220 |
| **소속** | RDA 통합개발팀 |
| **높이** | 99m |
| **최고속력** | 67mph (108kph) |
| **탑승인원** | 조종사 1명 또는 전면자동화 |

**건설용 소형 비행선**
건설현장 지면에는 언제나 많은 장비가 널려 있기 때문에 큰 자재를 옮길 때는 종종 비행선을 사용한다. 리프트 시스템의 기능이 훌륭해서 오랜 시간 공중에 떠있거나 무거운 자재를 목표지점에 정확하게 내리는 작업도 문제없다.

## 건설용 기계

브릿지헤드 시티 건설은 다양한 장비와 기술력을 요구한다. 무거운 자재를 옮길 소형 비행선과 날렵한 로봇 기중기, 조립 로봇과 거대한 AMP 슈트 등이 건설현장 여기저기에서 바쁘게 일한다. 인간이 직접 운전하는 유틸리티 차량도 여러 대 있다. 수백 대의 기중기가 프리패브(prefab) 구조물을 쌓아 올려 발전소나 공장을 짓는 동안 초고속 자기 부상 열차가 온갖 자재와 로봇을 정확한 지점까지 운반한다. 작전기지나 숙소 건물을 재빠르게 올리기 위해 3D 프린트 기법으로 현장에서 바로바로 콘크리트 구조물이나 부품을 찍어내기도 하고, 그보다 가벼운 조립 및 공기주입식 건물로 임시 거처를 세우기도 한다.

3D 프린터로 콘크리트 건물과 부품을 출력했다.

# 조립 로봇

**RDA 통합개발팀의 신세대 조립 로봇**은 RDA가 추구하는 '세 가지 R' 전략 – 고속(Rapid), 원격조종(Remote), 로봇(Robotic) –을 그대로 구현한다. RDA 기술자들은 이 조립 로봇에 각종 도구를 설치했다. 로봇의 크기도 제각각이다. 조립 로봇이 판도라의 건설 현장에서 수없이 많은 역할을 해내는 덕분에 필요한 노동 및 관리 인력이 대폭 줄었다. 그야말로 RDA의 발전을 이끈 핵심 기술이다. ISV에 사람을 태워 판도라로 수송하려면 어마어마한 자원과 시간이 소비되는데, 바로 이 문제를 조립 로봇이 해결한 셈이다. 게다가 판도라의 자원과 최첨단 3D 프린터만 있다면 얼마든지 필요한 로봇을 더 제조할 수도 있다. 모든 조립 로봇에는 개별 카메라와 감지기가 장착되어 있는 반면, 정교한 알고리즘에 의해 여러 대가 동시다발적으로 지능적이고 조직화된 스웜(swarm) 전술을 펼칠 때도 있다.

부품 조립 마디가 있어 재빠르게 도구나 장치를 갈아 끼운다.

단단한 금속 표면 아래 환풍기가 숨어 있어 배터리 과열을 막아준다.

보관 및 충전 시에는 빅 쿼드의 팔다리를 접어 부피를 줄인다.

카메라와 감지기로 주변 환경과 다른 로봇의 위치를 탐지한다.

기체의 모서리에 각기 다른 도구와 이펙터가 장착되어 다중작업이 가능하다.

빅 쿼드의 팔다리는 내후성이 높아 진흙이나 거친 기상조건도 잘 견딘다.

## 헥스봇 라이트
미니 조립 로봇은 작은 기체 안에 놀라울 정도로 강력한 기능을 탑재했다. 부품을 옮기는 용도보다는 조립 작업을 빠르게 마무리하는 데 제격이다. 용접, 연마, 박음질, 리벳팅(철판 결합)에 능하고, 심지어 도색에도 유용하다. 크기는 작지만 효율성은 단연 최고다. 움직임이 민첩해서 조립 로봇의 이동 경로 안에 가장 먼저 진입하기 때문에 큰 로봇과의 충돌 위험이 적다.

## 헥스봇 헤비
조립 로봇 부대의 일꾼인 헥스봇 헤비는 크기가 대형견과 비슷하며, 다양한 임무에 특화되었다. 중간 크기의 자재를 옮기거나 모든 용접 및 고정 작업을 효과적으로 수행한다. 지면과 구조물 위에서 동일한 작업능력을 보인다. 곤충의 다리를 닮은 그립 및 흡입 장치로 재질과 상관없이 표면에 기체를 강력하게 고정시키는 덕에 수직으로 구조물 위를 오르는 것도 가능하다.

무거운 판재를 옮길 때를 대비해서 장착된 흡입·그립 프레임

플랫 베드(평평한 받침대)를 조정해서 어떤 각도에서나 공사 자재를 단단히 고정시킨다.

다목적 집게가 놀랍도록 정교한 동작으로 무거운 부품을 집어 올린다.

## 공사자재 운반 로봇
이 자재 운반용 로봇은 건설 현장에 각종 부품이 소진되지 않게 파이프, 기계부속품, 버팀대와 패널, 다용도부품, 잠금장치 등을 조달한다. 정신없이 굴러가는 건설현장을 지원하려면 운반 로봇이 여러 대 필요하다. 조립 로봇 부대가 막힘없이 작업을 수행하도록 각종 자재와 부품을 제때 공급한다.

손끝에 충격 감지기와 간단한 야전정비 가능 장치를 달았다.

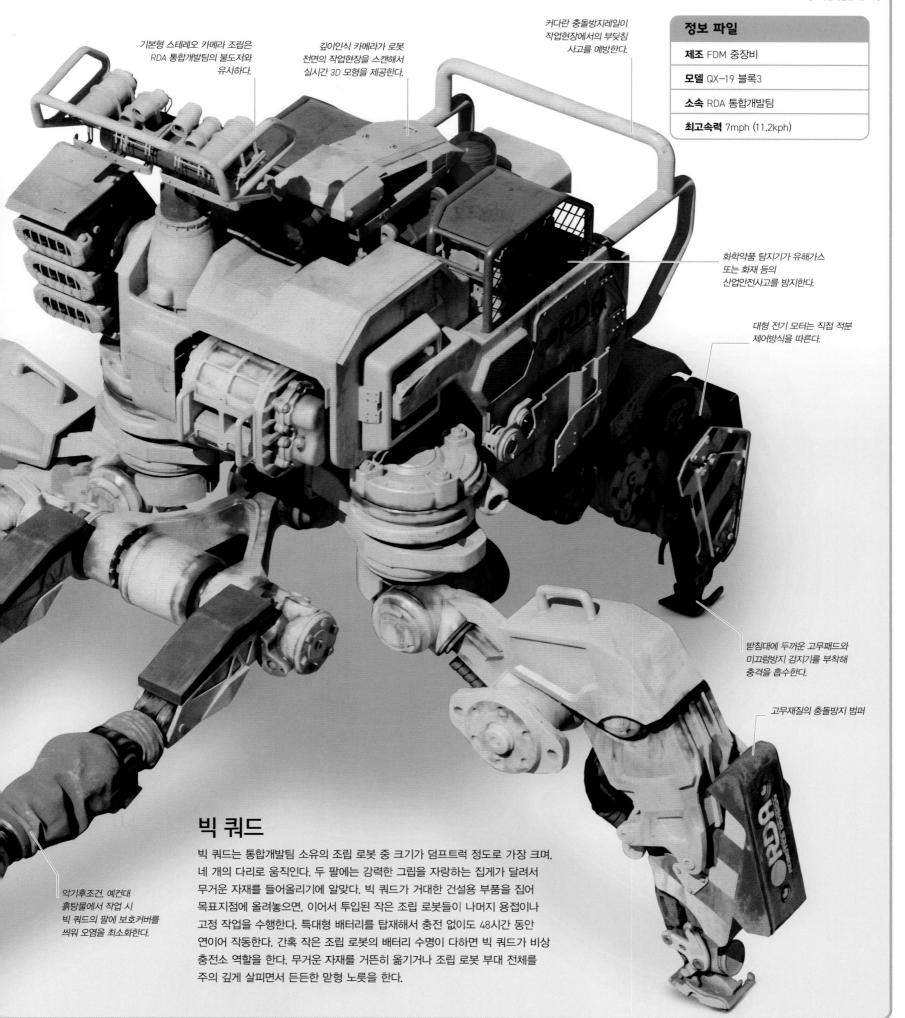

기본형 스테레오 카메라 조립은 RDA 통합개발팀의 불도저와 유사하다.

깊이인식 카메라가 로봇 전면의 작업현장을 스캔해서 실시간 3D 모형을 제공한다.

커다란 충돌방지레일이 작업현장에서의 부딪침 사고를 예방한다.

**정보 파일**

| | |
|---|---|
| **제조** | FDM 중장비 |
| **모델** | QX-19 블록3 |
| **소속** | RDA 통합개발팀 |
| **최고속력** | 7mph (11.2kph) |

화학약품 탐지기가 유해가스 또는 화재 등의 산업안전사고를 방지한다.

대형 전기 모터는 직접 적분 제어방식을 따른다.

받침대에 두꺼운 고무패드와 미끄럼방지 감지기를 부착해 충격을 흡수한다.

고무재질의 충돌방지 범퍼

악기후조건, 예컨대 흙탕물에서 작업 시 빅 쿼드의 팔에 보호커버를 씌워 오염을 최소화한다.

## 빅 쿼드

빅 쿼드는 통합개발팀 소유의 조립 로봇 중 크기가 덤프트럭 정도로 가장 크며, 네 개의 다리로 움직인다. 두 팔에는 강력한 그립을 자랑하는 집게가 달려서 무거운 자재를 들어올리기에 알맞다. 빅 쿼드가 거대한 건설용 부품을 집어 목표지점에 올려놓으면, 이어서 투입된 작은 조립 로봇들이 나머지 용접이나 고정 작업을 수행한다. 특대형 배터리를 탑재해서 충전 없이도 48시간 동안 연이어 작동한다. 간혹 작은 조립 로봇의 배터리 수명이 다하면 빅 쿼드가 비상 충전소 역할을 한다. 무거운 자재를 거뜬히 옮기거나 조립 로봇 부대 전체를 주의 깊게 살피면서 든든한 맏형 노릇을 한다.

# 스켈

자동화된 로봇외골격이 대부분의 작업을 수행하는 동안 조종사는 최소한의 조작만 한다.

Y70 불렛의 카메라 조준장치 아래로 수류탄 발사장치가 달려있다.

**스켈은 인간과 AMP 슈트 중간 체급의 다목적 슈트로** 선얼 및 군사 현장에서 RDA의 성능을 증폭시키기 위해 개발됐다. 조경제조, 높은 운전상황인식능력, 자동충돌방지기능 같은 특성을 지원한다. 덕분에 인간이 작업현장에서 별도의 보호 장비를 착용하지 않은 채 스켈과 뒤섞여 일해도 꽤 안전하다. 거대한 AMP 슈트에 비해 작당한 크기로 제작되어 인간에 맞게 설계된 기밀실(airlock)이나 통로도 쉽게 오갈 수 있다. RDA 군사들이 전투상황에서 나비족의 월등한 신장과 힘, 속도를 따라잡고 고중량 공격무기, 심지어 무사미한 화염방사기로 무장할 수 있는 것도 스켈 덕이다.

스켈은 해상작전에도 필수적이다. 무거운 화물이나 시슬, 장비를 가뜬히 옮겨 시드래곤호의 유지보수에 일조하는가 하면 물건 사방에도 유용하게 쓰인다.

## 스켈 무기

전투 요원 한 명을 판도라에 추가 배치하는 것은 매우 복잡한 일이다. 따라서 이미 배치된 인력의 전투력을 최대로 끌어올리는 게 급선무다. RDA는 스켈 부대 전체에 AR 돌격소총과, 그와 짝을 이루는 단총인 불펍(Bullpup)을 공통으로 지급한다. 두 자루의 브라우닝기관총으로 무장한 군사들은 나비족 뿐이 아니라 판도라의 무사미한 야생동물에 맞서 적들을 물리친다. 이밖에도 스켈 슈트에 탑재된 화염방사기로 초목을 태우거나 나비족 원주민의 저항을 꺾기 위해 부족의 마을을 불로 쓸어버리기도 한다.

카메라를 이용한 조준장치

**스켈 M69-AR**
스켈 M69-AR은 50구경의 대전차연발소총으로, 기존에 보다 비슷한 규격의 총기를 뛰어넘는 화력을 지원한다.

역감재현(Force Feedback) 기술로 발 감지기의 죽임을 조종사의 발바닥에 그대로 전송한다.

## 정보 파일

**제조** 우키이

**MODEL** 엑소-32 경량 이동수단

**소속** RDA 전투부

**높이** 2.9m

**최고속력** 20mph (32kph)

**무기** 스컬 AR 돌격소총과 볼펌, 화염방사기, 블랫 호스

### 해상용 스컬 슈트

해상용 스컬도 시드래곤과 브리지헤드 부두에서 임무 준비를 마쳤다. 과연 슈트를 착용한 채로 해엄칠 수 있을까? 항해사들은 그 질문을 애써 피한다.

슈트 내부는 스테인리스강 재질로 부식을 방지했다.

화염방사기

어깨 자동제어장치

## 흥미로운 사실

> 스컬 슈트는 가늠쇠 조준이 어려워 카메라 조준기를 사용한다. 유리마스크에 탑재된 헤드업 디스플레이(HUD) 기술로 정보를 전달받는다.

> 열정 넘치는 스컬 조종사들은 종기뿐만 아니라 기회가 되는 대로 로봇 무술을 연마한다.

> 숙련된 스컬 조종사는 슈트의 손으로 정밀하고 기술적인 작업에서 묘거운 커피 한 잔을 마셔도 일까지 대수롭지 않게 해낸다.

경량화를 위해 광범위하게 사용되는 고강도 탄소 섬유

반파악(半把握)형 발로 지면이나 나무뿌리를 잡을 수 있어 숲에서도 속도를 내어 달린다.

AMP 슈트와 마찬가지로 필요에 따라 원격조종 로봇 팔을 탈부착할 수 있다.

접이식 개머리판

### 스컬 화염방사기

FT-M3A1 화염방사기 시리즈는 오랜 연구개발의 산물이다. 초기모델인 Bushboss FD-3보다 연료용량, 범위, 기동성이 대폭 향상됐다. 화염방사기의 호스를 연료 및 압축가스를 담은 탱크에 연결해서 사용한다.

무인 조종 스컬

무인 조종 스컬 슈트는 해골 같은 모습이다.

SEC-OPS

# 프랜시스 아드모어 장군

RDA 원정군의 새로운 사령탑으로 임명 받은 프랜시스 아드모어 장군. 판도라 행성 안에서 전개되는 작전과 안보를 전부 책임진다. 돌아온 RDA와 보안팀에게 주어진 최우선 과제는 판도라를 재탈환해서 인류의 새 거처로 삼는 일이다. 아드모어 장군은 이 원대한 계획을 성공시키기 위해 RDA에 꼭 필요한 지휘관이다. 1급 군사교육을 받은 뒤 탄탄한 실전 경험을 쌓은 군사전략가이며 모든 행동에서 그의 지성과 민첩한 정신력이 드러난다. 장군의 뛰어난 능력은 전장에서뿐만 아니라 작전회의에서도 빛을 발한다.

**4성 장군**

**보안팀**

**사령관의 훈장**
쿼리치 대령이 군사작전에서 RDA의 간섭을 받았던 것과 달리, 아드모어 장군은 어떤 방해에도 끄떡없다. 그동안 셀 수없이 많은 전투를 승리로 이끈 장군의 결단력을 막을 자가 없다.

**브릿지헤드 보안팀**

고도의 조절기능을 갖춘 하네스

MIL-SPEC 502

RDA

길쭉한 손잡이 덕에 탄창용량이 16발로 늘어났다.

**견고한 권총집**

기본보급형 야전 모자에 달린 장교 계급장

판도라의 자연에서 문양을 딴 새 위장군복

## 강철 같은 지휘관

아드모어 장군의 지휘방식은 전임자인 마일스 쿼리치 대령과 사뭇 다르다. 강박적이고 편집증적인 쿼리치 대령과 달리 아드모어 장군은 표정에서부터 냉철함이 엿보인다. 어디서든 절제된 감정과 기계적인 태도로 일관하며 물리적인 위협 없이도 몸짓만으로 권위를 드러낸다. 좀처럼 큰소리를 내는 법이 없지만 주변 군사들이 장군을 대하는 태도에서부터 그의 권위와 예리한 지도력이 느껴진다. 아드모어 장군의 명령은 아주 단순명료하다. 브릿지헤드에 난공불락의 요새를 건설하고 판도라 행성을 되찾는 것. 지구는 절박한 상황에 놓여있다. 아드모어 장군은 임무완수를 위해서라면 그 어떤 작전에도 몸을 던질 준비가 됐다.

다용도 전술용 라이트
– 레이저와 거리계 기능

**Z-33 권총**
RDA는 새 임무를 맡은 보안팀과 포경팀 병력 전체에 40구경 자코브-33 탄도권총을 공통으로 지급해 필수무장을 마쳤다.

| 정보 파일 | |
|---|---|
| **이름** 프랜시스 아드모어 장군 | |
| **종** 인간 | |
| **직책** RDA 원정군 총사령관 | |
| **키** 1m 65cm | |
| **나이** 53세 | |

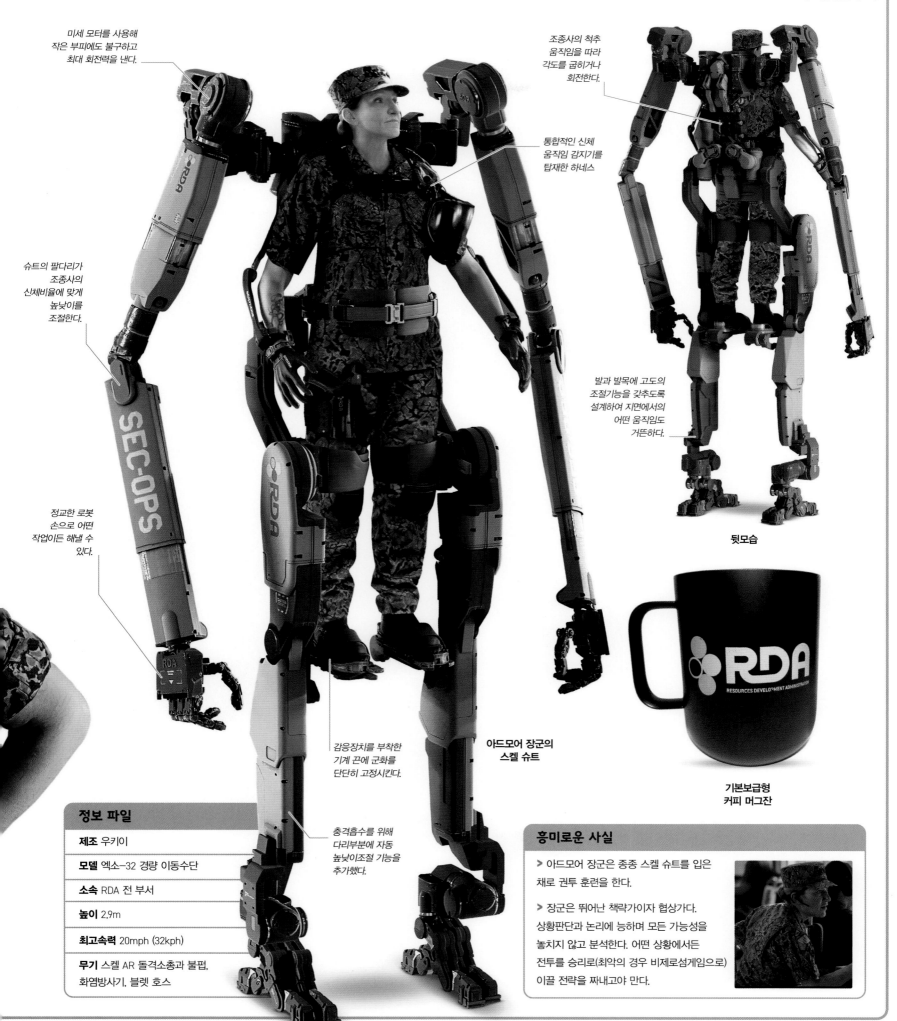

미세 모터를 사용해
작은 부피에도 불구하고
최대 회전력을 낸다.

조종사의 척추
움직임을 따라
각도를 굽히거나
회전한다.

통합적인 신체
움직임 감지기를
탑재한 하네스

슈트의 팔다리가
조종사의
신체비율에 맞게
높낮이를
조절한다.

정교한 로봇
손으로 어떤
작업이든 해낼 수
있다.

발과 발목에 고도의
조절기능을 갖추도록
설계하여 지면에서의
어떤 움직임도
거뜬하다.

뒷모습

감응장치를 부착한
기계 끈에 군화를
단단히 고정시킨다.

아드모어 장군의
스켈 슈트

기본보급형
커피 머그잔

충격흡수를 위해
다리부분에 자동
높낮이조절 기능을
추가했다.

## 정보 파일

**제조** 우키이

**모델** 엑소-32 경량 이동수단

**소속** RDA 전 부서

**높이** 2.9m

**최고속력** 20mph (32kph)

**무기** 스켈 AR 돌격소총과 불펍,
화염방사기, 블렛 호스

## 흥미로운 사실

> 아드모어 장군은 종종 스켈 슈트를 입은
채로 권투 훈련을 한다.

> 장군은 뛰어난 책략가이자 협상가다.
상황판단과 논리에 능하며 모든 가능성을
놓치지 않고 분석한다. 어떤 상황에서든
전투를 승리로(최악의 경우 비제로섬게임으로)
이끌 전략을 짜내고야 만다.

# 믹 스코스비 선장

**믹 스코스비 선장**은 햇볕에 그을린 거친 피부의 소유자이자 판도라의 대형 해양생물을 쫓는 사냥꾼이다. RDA의 신개발 선박을 운항할 선장으로 고용됐으며, 아드모어 장군을 포함한 초기 원정대와 함께 가장 먼저 판도라에 도착했다. 거대한 몸집의 시드래곤호가 그의 대표적인 일터다. 그러나 스코스비 선장의 목표는 딱 하나, 최대한 많은 **툴쿤**을 잡아 수확하는 데 있다. 지구에서는 대형 해양생물의 포획이 금지된 지 오래다. 판도라의 바다를 배경으로 다시 사냥에 나선 스코스비 선장의 마음이 몹시 들떠 있다.

일반적인 작업 복장

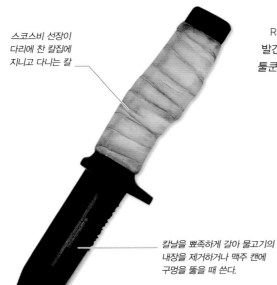

스코스비 선장이 다리에 찬 칼집에 지니고 다니는 칼

칼날을 뾰족하게 갈아 물고기의 내장을 제거하거나 맥주 캔에 구멍을 뚫을 때 쓴다.

## 새로운 자원

RDA가 툴쿤의 몸속에서 기적의 물질 암리타를 발견한 뒤, 아드모어 장군은 스코스비 선장에게 툴쿤 사냥에 필요한 온갖 첨단장비를 지원한다. 정찰용 비행선에서부터 돌격용 마코 고속잠수정, 민첩한 움직임의 피카도르, 마타도르, 수륙 양용 크랩 슈트와 미니잠수정까지 종류가 무척 다양하다.

### 소형 무기
RDA는 툴쿤 사냥에 모든 것을 걸었다. 스코스비 선장은 대형 선박과 보트 외에도 필요한 갖가지 소형 장비를 지급받는다. 칼이나 총과 마운트는 기본이고 작살, 위치탐지장치, 심지어 전자추적 장치까지 활용한다.

### 사냥 기념식
툴쿤 사냥에 성공한 스코스비 선장은 선원들과 함께 축배를 든다. 고작 맥주 몇 캔이지만 그보다 더 짜릿할 수 없다.

| 정보 파일 | |
|---|---|
| **이름** | 믹 스코스비 선장 |
| **종** | 인간 |
| **소속** | RDA |

### 흥미로운 사실

> 스코스비 선장은 자기 소유의 시드래곤을 탄다. 선체 위에서 병사들을 이끌며 작전 시 각종 장비를 직접 하역한다.

> 쿼리치 대령은 스코스비 선장과 시드래곤을 단숨에 제압해서 그의 목적인 설리 가족을 사냥하는 일에 이용한다.

낚시용 장화

# 이안 가빈 박사

**RDA의 해양생물학자**로, 판도라에 현존하는 인간 중 이 행성의 바다생태에 대해 가빈 박사의 전문성을 뛰어넘을 자가 없다. 특히 툴쿤에 관해 정통하다. 가빈 박사는 툴쿤 사냥에 내심 반대하는 입장이지만, 협조하지 않으면 그간 해온 연구결과를 전부 빼앗겠다는 RDA의 위협을 이기지 못하고 반강제적으로 한 배에 탄다. 박사는 판도라에 도착한 이후 줄곧 해양학 연구팀을 이끌었다. 비록 작은 팀이나 하나부터 열까지 모든 걸 이뤄냈다. 해양학 연구가 가빈 박사의 적성에 퍽 잘 맞는다. 박사는 연구실에서도 꽤 숙달된 모습이지만, 동시에 뼛속까지 현장연구자다. 남들이라면 무서워 도망갈 법한 상황에도 기꺼이 목숨을 건다. 박사는 또 노련한 스쿠버다이버이기도 하다. 종종 무시무시한 포식자가 득실대는 판도라의 바다를 홀로 헤엄치며 샘플채집, 영상기록, 정보수집 등을 한다.

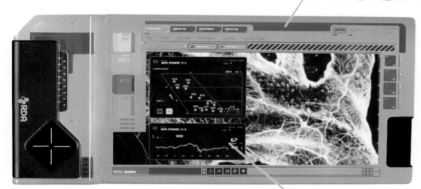

손목보호대에 스캐너로 얻은 정보를 처리할 칩 카드를 부착했다.

야전 조끼

터치스크린 모바일 워크스테이션

가슴쪽 스캐너가 자연에서 정보를 수집하여 손목의 칩 카드에 전송한다.

태블릿을 데스크톱에 도킹해서 워크스테이션 화면을 확장할 수도 있다.

### 빼앗긴 정보

RDA가 압수한 가빈 박사의 데이터패드에는 툴쿤 사냥에 속도를 붙일 온갖 지식이 담겨 있다. 특히 툴쿤의 위치 꼬리표는 핵심정보를 제공한다.

잠수용 손목시계

잠수용 칼

### 현장 연구자

가빈 박사의 초기 해양학연구는 우주 식물학자인 그레이스 오거스틴 박사가 숲에서 택한 방식과 흡사했다. 박사의 손으로 직접 주거 가능한 이동식 소형연구실을 지었다. 정확히 말하면, 지지대 위에 두 채의 오두막을 얹어 언제든지 바닷가에 설치할 만한 형태의 간이연구실을 만들었다. 필요에 따라 이동식 연구실을 다른 구조물에 도킹할 수도 있다. 암초 부족의 올로에이크탄 토노와리를 대면할 때는 가까운 만에 닻을 내려 메트카이나 마을까지 단숨에 접근했다.

### 정보 파일

| | |
|---|---|
| **이름** | 이안 가빈 |
| **종** | 인간 |
| **직책** | 해양 생물학자 |
| **소속** | RDA |
| **키** | 1m 85cm |

### 흥미로운 사실

> 가빈 박사는 툴쿤의 뇌를 해부하던 중에 강력한 자연물질 암리타를 발견했다.

> 열정 넘치는 바다 탐험가로, 판도라의 바닷속을 가득 채운 이국적인 생물과 사랑에 빠졌다.

# 일반 장비

**최첨단 장비부터 최신식 개인화기까지,** RDA의 기술은 아군과 적군의 구분 없이
널리 쓰인다. 제이크 설리와 저항군이 기회가 닿는 대로 무기를 훔쳐대는 탓이다.
RDA는 고도로 암호화된 통신기술과 강력한 국제 데이터인터페이스 네트워크를
기반으로 판도라 행성 전체를 잇는 하나의 정보 및 통제 시스템을 운영한다.
또한 성능을 개선한 신개발 무기로 야외 작전 중 판도라의 야생동물과 나비족
원주민으로부터 부대원의 안전을 지킨다. 이밖에도 RDA 소속 부대원이 기지에
접근할 때 반드시 지녀야 할 도구가 IFF(신원확인) 트랜스폰더다. IFF 트랜스폰더로
특정 전파를 송신해야만 기지 주변의 자동화된 총기 및 미사일 발사를 억제할 수 있다.
RDA 구성원이라면 누구나, 이 IFF 트랜스폰더를 깜빡 잊는 순간
후회할 새도 없이 희생되리라는 걸 잘 알고 있다.

라디오 통신 무선
전화기

**통신위성 케이스**

**개인용
데이터패드**

**표준형 2세대
데이터패드**

## 바이오 스캐너

CR-4 진단기기는 야외작전에 꼭 필요한
인명구조용 장비다. 단단한 본체와
다용도 스캔봉 구성이다. 맥스 파텔
박사도 하이 캠프 바이오연구실에
이 기기를 배치했다.

**CR-4 진단기기**

## 데이터의 세상

데이터의 홍수와도 같은 RDA의 작업환경 특성 상 최첨단
데이터패드가 필수적이다. 다양한 크기의 패드 중에서
선택할 수 있으며, RDA의 컴퓨터 워크스테이션과 동일한
가상홀로그램 디스플레이 기술을 탑재했다.

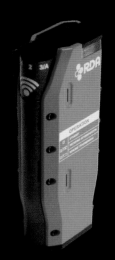

## 발포 금지

RDA 기지를 둘러싼 자동화 무기의 위협을 피하려면 모든 부대원 및 이동수단에 IFF 트랜스폰더를 부착해야만 한다.

**IFF 트랜스폰더**

**단단한 야전 패드**

**마취용 화살**

**V6 마취총**

**레이더와 안테나가 촘촘하게 부착된 아치형 감지기**

## 새로운 행성, 새로운 무기

초기의 RDA 무기는 대부분 지구에서 조달한 것이었다. 그러나 할렐루야 산맥 전투 이후, RDA 기술자들은 뼈아픈 패배를 교훈 삼아서 판도라 행성에 적합한 갖가지 신종 무기를 개발했다.

**리콤 AR 탄창**

**케이바 MK3 전투 및 만능 칼**

**Z-33 표준형 화염방사기**

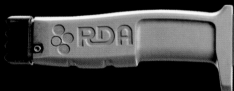

**AM6-75L '불화살' 유도 무기**

**목표물에 맞게 특화된 유도 무기를 사용한다.**

**톡손-81 휴대용 방공 미사일 발사기**

## 방공 무기

톡손-81 방공 미사일 발사기는 적군의 비행체를 격추하는 용도지만, 판도라에서는 목표물의 생물학적 조건을 감지하도록 기능을 수정했다. 제이크가 레이더에 걸리면 비행체를 격추하듯 끈질기게 따라붙어 발사기의 본능을 드러낸다.

# 4장:
# 리콤
# 프로그램

리콤(RECOMBINANT)이란 RDA가 인간과 나비족의 유전자 재조합을 통해 탄생시킨 하이브리드 군사를 일컫는 말로, 공식명칭은 불사조 프로젝트다. RDA는 2154년의 패배 직후 판도라 행성을 재탈환하기 위해 침략군 정비에 막대한 예산을 투입했는데, 리콤 프로그램도 그 일환으로 시작됐다. 리콤 군사는 아바타의 신체와 같은 방식으로 배양된다. 그러나 인간 조종사의 원격조종이 필요 없다는 점에서 아바타와는 다르다. 리콤 군사의 의식에는 죽은 RDA 보안팀 소속 군인의 기억과 개성이 고스란히 남아 있다. 그래서 리콤의 몸은 조종사의 의식에 접속하지 않고도 자율적으로 활동한다.

# 쿼리치 대령

**쿼리치 대령**은 2m 90cm의 신장을 자랑하는 리콤 군사로서 생물학적으로 몹시 젊고 건강하다. 제이크의 아바타가 처음 판도라에 도착했을 때보다 나이가 약간 더 많을 뿐이다. 그러나 의식은 51세의 인간 마일스 쿼리치가 죽은 당시의 것 그대로를 복제했다. 젊은 신체와 노련한 정신의 조합은 적군에게 치명적이다. 이 위협적인 리콤 군사의 계급 역시 대령이다. 자신의 바뀐 신체에 대해 완벽하게 이해를 마친 그는 곧 열한 명의 리콤 부대원과 함께 새로운 임무에 나선다. 목표는 단 하나, 제이크 설리를 추적해서 죽이는 것이다. 쿼리치 대령의 눈에 제이크 설리는 인류를 등진 배신자이자 반란을 일으켜 RDA를 판도라에서 추방시킨 역적에 불과하다.

> "다들 자신에게
> 똑같이 묻고 있겠지.
> '왜 이리 파랗게 질렸지?'"
>
> **마일스 쿼리치 대령**

## 유전공학의 발전

ISV 빈디케이터의 선체 안에서 눈을 뜬 쿼리치 대령. 지난 6년 간 양수탱크 속에서 배양된 상태다. 대령의 리콤 몸체는 탱크에 달린 고유 감각 및 근신경계 시뮬레이터의 도움으로 하루하루 강화되며 발달했다. 그의 정체성과 기억은 전부 소울 드라이브라는 명칭의 인코더 장비로부터 복제됐다. 쿼리치 대령을 포함한 리콤 군사는 기존의 아바타보다 유전적으로 더 안정적이고 자율적·독립적 존재로 설계됐다. 그간 RDA가 이뤄 낸 유전공학의 진보를 여실히 드러내는 기술이다.

열화상 이미지 개선 장치

식스 샷 리볼버

12.7mm 초고속 철갑탄

### 소울 드라이브
RDA 군사가 죽기 전, 그의 모든 기억을 소울 드라이브의 크리스털 저장장치에 수천 겹의 나노입자로 새겼다.

### 흥미로운 사실

> 쿼리치 대령이 생각하는 지휘관의 존재목적은 간결하다. 오직 싸워서 승리하는 것.

> '적을 알면 백전백승.' 쿼리치 대령은 이 말을 굳게 믿는다. 리콤 군사로 부활한 뒤, 대령은 적군인 나비족을 한층 더 이해하게 된 기분이다.

마침내 오마티카야 열대우림으로 돌아온 쿼리치 대령

# 전술적 이점

판도라의 열대우림은 인간이나 기계의 발걸음을 결코 환영하지 않는다. *에이와*가 그걸 위협으로 감지해서 면역반응을 일으키는 순간, 모든 동물이 방어태세를 갖추어 침입자의 뒤를 쫓기 때문이다. 그러나 리콤 군사는 몸에 흐르는 나비족의 DNA 덕분에 *에이와*의 경계를 피해 자유로이 숲속을 거닐 수 있다. 쿼리치 대령은 줄곧 나비족의 스텔스 기술을 부러워했다. 원하던 능력을 얻게 된 지금, 숲은 대령의 사냥터로 바뀐다.

## 정보 파일

| | |
|---|---|
| **이름** | 마일스 쿼리치 대령 |
| **종** | 리콤 군사 |
| **소속** | 불사조 프로젝트 |
| **키** | 2m 90cm |
| **나이** | 20세 |

쿠루(신경 덩굴) 위로 머리를 땋아 신경을 보호한다.

가죽 칼집

자기장이 높은 지역에서도 작동하는 아날로그 시계

권총집

삼각 D자 고리로 허리띠에 하네스를 연결했다. 하강 시 밧줄을 묶는 용도로 쓰인다.

표준형 RDA 숲 위장복

전투화

## 승리를 부르는 복장

쿼리치 대령의 외모는 그의 강인한 정신력을 그대로 반영한다. 군복에서부터 고도의 집중력과 기강이 드러난다. 대령이 착용하는 모든 장비에는 분명한 목적이 있다. 오직 승리를 위해 필요한 물건만 몸에 찬다.

앞모습 　 뒷모습

69

# 웨인플릿 상병

**본명 라일 웨인플릿**. 쿼리치 대령이 가장 신뢰하는 보좌관이자 리콤 부대의 팀장이다. 능수능란한 전투 기술을 갖췄으며 동료 병사에게도 무척 헌신적인 모습으로 분대장 자리까지 올랐다. 웨인플릿 상병은 언제나 양옆의 동료를 끔찍이 보살핀다. 과거에 AMP 슈트 조종사와 삼손 포수였을 때부터 몸에 익은 태도다. 리콤 군사로 부활한 웨인플릿 상병은 하루빨리 판도라의 전투현장으로 돌아가길 원한다. 비로소 복수의 기회가 찾아왔다.

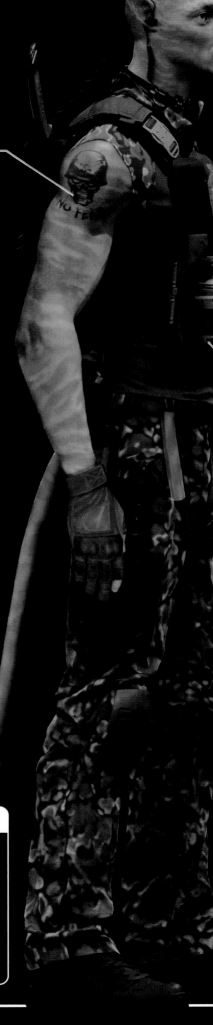

'No Fear (두려움은 없다)' 해골 문신

연막탄

## 노련한 저격수

웨인플릿 상병의 주특기는 저격이다. 그의 주무기인 긴 소총은 높은 사격 정확도 및 총구 속도를 자랑한다. 열대우림 안에서의 기동성을 고려하면 짧은 총이 훨씬 더 편리하지만, 웨인플릿 상병은 우회보다 돌파를 택한다. 긴 총신이 주는 위력을 포기할 수 없다.

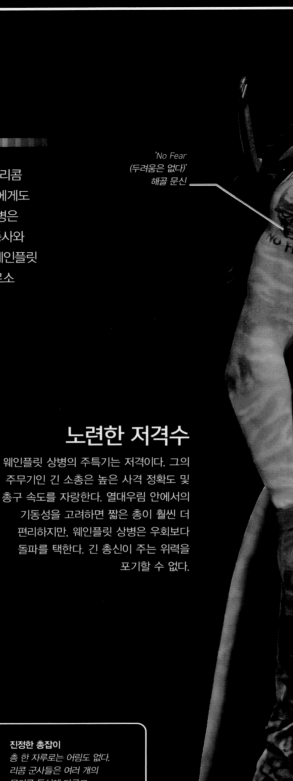

**진정한 총잡이**
총 한 자루로는 어림도 없다. 리콤 군사들은 여러 개의 무기를 동시에 다루고 휴대하도록 훈련 받았다.

### 흥미로운 사실

> 판도라에 돌아오고 얼마 뒤, 웨인플릿 상병과 리콤 부대원은 돌연 바짓단을 자르고 전투화를 벗어던진다. 더 빠르고 조용하게 열대우림의 깊은 곳까지 침투하려면 맨발이 유리하다.

> 웨인플릿 상병의 몸에는 문신이 다섯 개 있는데, 그 중 왼쪽 팔뚝에는 용을 새겼다.

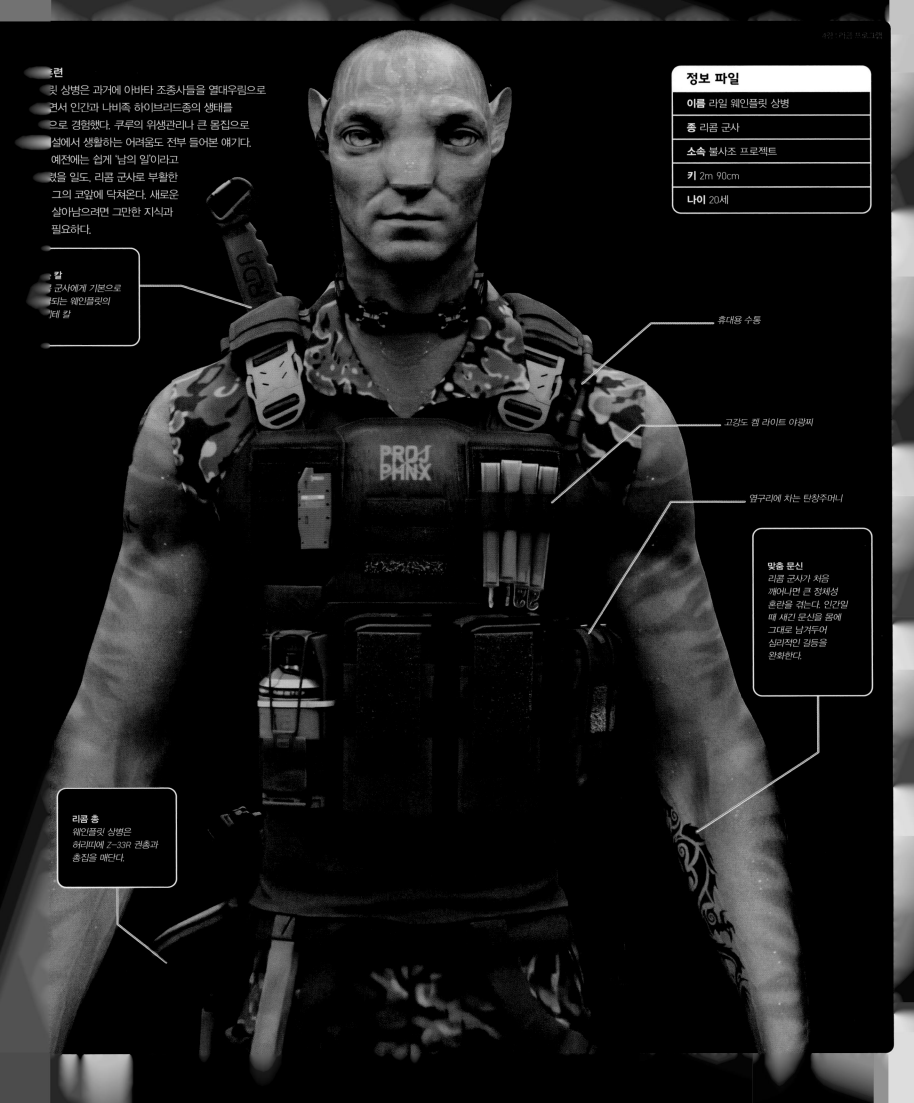

**훈련**

릿 상병은 과거에 아바타 조종사들을 열대우림으로
면서 인간과 나비족 하이브리드종의 생태를
으로 경험했다. 쿠루의 위생관리나 큰 몸집으로
설에서 생활하는 어려움도 전부 들어본 얘기다.
예전에는 쉽게 '남의 일'이라고
렸을 일도, 리콤 군사로 부활한
그의 코앞에 닥쳐온다. 새로운
살아남으려면 그만한 지식과
필요하다.

**칼**
군사에게 기본으로
되는 웨인플릿의
테 칼

휴대용 수통

고강도 캠 라이트 야광찌

옆구리에 차는 탄창주머니

**맞춤 문신**
리콤 군사가 처음
깨어나면 큰 정체성
혼란을 겪는다. 인간일
때 새긴 문신을 몸에
그대로 남겨두어
심리적인 갈등을
완화한다.

**리콤 총**
웨인플릿 상병은
허리띠에 Z-33R 권총과
총집을 매단다.

# 리콤 장비

**리콤 부대**는 임무에 필요한 모든 장비를 갖췄다. RDA 전체의 발전과 중대한 군사목표의 달성을 위해서라면 수단을 가리지 않는다. 리콤 부대의 최종목표는 판도라를 재탈환하여 인류의 새 거처로 삼는 것이다. 그러나 RDA의 적은 나비족 뿐 아니라 행성에 살아 숨 쉬는 모든 생명체. 리콤 군사들은 그 사실을 매순간 직시하며 모든 시나리오에 대비하고 작전을 성공으로 이끌기 위해 각종 장비와 화포로 무장한다.

### 리콤 호흡기

리콤 군사가 인간 시설에서 호흡하려면 이산화탄소 보조 장치가 꼭 필요하다. RDA가 개발한 소형 호흡기로 1, 2분에 한 번씩 이산화탄소를 들이마신다.

**대기 적응 시스템**

**리콤 부대 배지**

리콤 부대의 슬로건인 "적을 밟아 뭉개자." 누구도 꺾을 수 없는 리콤 군사의 기상을 드러낸다.

**리콤 군인 인식표**

**세열 수류탄**

**세열 수류탄**

**세열 수류탄**

로페즈    장    프레이거    워커    맨스크    파이크

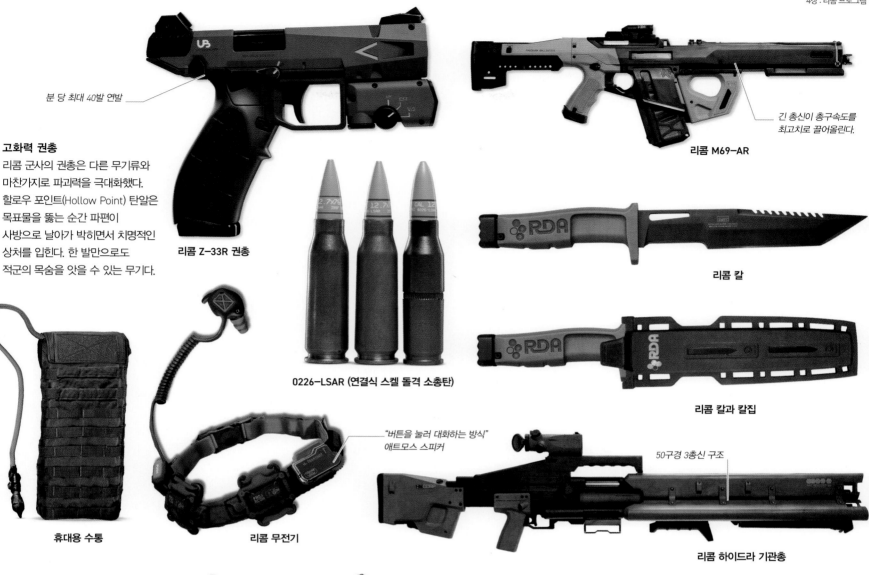

분 당 최대 40발 연발

**고화력 권총**
리콤 군사의 권총은 다른 무기류와
마찬가지로 파괴력을 극대화했다.
할로우 포인트(Hollow Point) 탄알은
목표물을 뚫는 순간 파편이
사방으로 날아가 박히면서 치명적인
상처를 입힌다. 한 발만으로도
적군의 목숨을 앗을 수 있는 무기다.

리콤 Z-33R 권총

긴 총신이 총구속도를
최고치로 끌어올린다.

리콤 M69-AR

리콤 칼

0226-LSAR (연결식 스켈 돌격 소총탄)

리콤 칼과 칼집

"버튼을 눌러 대화하는 방식"
애트모스 스피커

50구경 3총신 구조

휴대용 수통

리콤 무전기

리콤 하이드라 기관총

**스켈 슈트 기반 무기**
RDA는 스켈 슈트 장비를 조정해서 리콤
부대에 적합한 무기류를 개발했다. 리콤 군사의
신체특성을 고려해서 방향조준 기능을
손보거나 기동성을 높였다.

# 리콤 부대

최정예 특수부대로서 'RDA의 근력'으로도
불린다. 리콤 부대는 조직의 최상부로부터
직접 지시를 받고 까다로운 작전에 가장 먼저
투입된다. 군사들은 고강도의 훈련을 받으며
조직의 명령에 무조건적으로 복종한다.
지휘관의 전술을 따르는 것이 곧 부대 밖의
위험 속에서 생존할 유일한 길이라고 굳게
믿기 때문이다. 그러나 판도라의 열대우림은
그 어떤 무기와 전투력으로도 정복할 수 없다.
리콤 부대의 생사는 숲의 생태에 얼마나 빨리
적응하는가에 달렸다.

즈디나르스크(Z-Dog)

워렌

알렉산더

브라운

# 5장:
# RDA 장비

돌아온 RDA의 최우선 목표는 영토 확장의 거점이 될 완벽한 기지를 건설하는 것. 그렇게 세워진 브릿지헤드 시티는 헬스게이트의 채굴 작전과 비교할 수 없는 위력으로 판도라 행성과 나비족의 삶을 흔든다. RDA는 외부인에게 몹시 폐쇄적인 판도라의 대자연에 침투하기 위해 전쟁으로 피폐해진 지구의 기술을 들여와 더 빠르고 위협적인 운송수단들을 개발하였다. 이 고성능의 운송수단은 판도라의 육·해·공을 아우르며 RDA 기지를 세우고, 순찰하고, 지키는 일에 쓰인다. 또한 RDA가 새로운 영토를 확장하고 활발한 자원 채굴을 이어가는 데에도 역할을 한다. 그 중에서도 RDA 포경팀이 목적 달성을 위해 개발한 공격적인 사냥용 군함이 핵심이다.

# S-76 시드래곤

**RDA의 최신 군함**인 S-76 시드래곤은 거대한 크기의 위그선으로, 판도라에서 발견된 고래 과의 동물 툴쿤을 사냥하기 위해 특수 설계됐다. 필요한 각종 장비는 물론 고속주행기능까지 갖춘 시드래곤은 항속거리가 무려 몇 천 킬로미터에 달한다. 저속주행 시에는 일반 수상함과 비슷하지만 선체 밑의 날개를 가동하면 수면 위로 낮게 떠올라 비행할 수 있다. 최고속력은 130노트(150mph/241kph)로, 파도가 너무 거세지만 않다면 호위 헬기의 속도에 맞춰 안정적으로 항해한다.

툴쿤 무리가 접근해 오면, 시드래곤은 목표물을 한곳으로 몰아 포획하기 위한 장비를 재빨리 배치해야 한다. 갑판의 문 풀(Moon pool)을 통해 마코 잠수정 함대를 내보낸다.

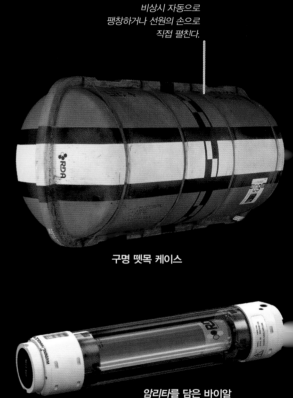

비상시 자동으로 팽창하거나 선원의 손으로 직접 펼친다.

**구명 뗏목 케이스**

**암리타를 담은 바이알**

## 사냥에 최적화된 함선

시드래곤은 전갑판과 선미의 램프를 통해 각종 장비를 바다로 내보내며 소형선박들의 지원선 역할을 한다. 시드래곤의 선체는 판도라에서 캐낸 광물과 최첨단 조선기술의 합작품인데, 먼저 금속을 녹인 다음 거대한 3D 프린터 갠트리로 갑판과 날개를 찍어낸다. 조립까지 완료되면 툴쿤 사냥을 위한 출항 준비가 끝난다.

## 정보 파일

| | |
|---|---|
| **제조** | 제너럴 다이내믹스 |
| **모델** | S-76 시드래곤 |
| **소속** | RDA 포경팀 |
| **길이** | 121m |
| **최고속력** | 130노트 (150mph / 241kph) |

## 흥미로운 사실

> 배와 비행기의 기능을 동시에 갖춘 시드래곤은 그 이름을 따온 거대 항공기 드래곤 어설트쉽과 유사하면서도 완전히 특별한 군함이다.

> 시드래곤은 툴쿤 사냥에 최적화된 모선으로서, 이 거대한 바다생물을 추적하고, 작살로 쏘고, 포획하는 데 필요한 수상보트와 잠수정을 전부 싣고 있다.

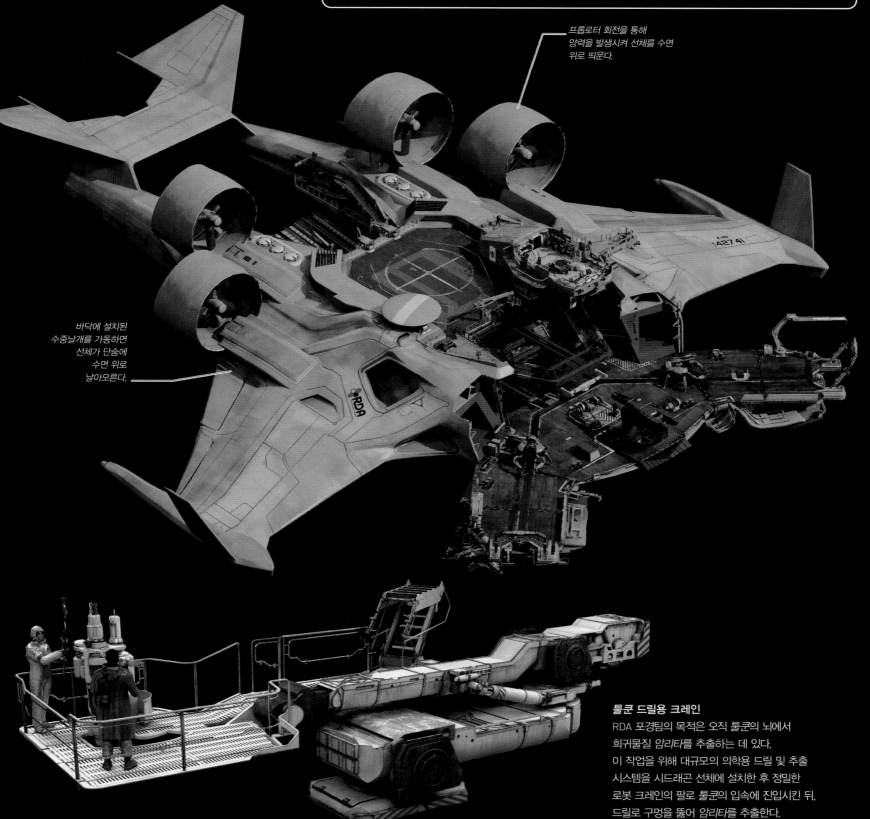

프롭로터 회전을 통해 양력을 발생시켜 선체를 수면 위로 띄운다.

바닥에 설치된 수중날개를 가동하면 선체가 단숨에 수면 위로 날아오른다.

### 툴쿤 드릴용 크레인

RDA 포경팀의 목적은 오직 툴쿤의 뇌에서 희귀물질 *암리타*를 추출하는 데 있다. 이 작업을 위해 대규모의 의학용 드릴 및 추출 시스템을 시드래곤 선체에 설치한 후 정밀한 로봇 크레인의 팔로 툴쿤의 입속에 진입시킨 뒤, 드릴로 구멍을 뚫어 *암리타*를 추출한다.

# 마타도르

마타도르는 툴쿤 사냥을 위해 특수 설계된 고속정으로, 전방돌격, 작살발사, 기타 지원작업에 두루 사용된다. RDA 포경팀 툴쿤 사냥대의 쿼터백이라고 불리는 이유다. 고성능 엔진을 이용해 재빠르게 출동해서 사냥감을 추격할 수 있다. 15미터 길이의 '깊은 V'자 형태의 갑판과 트윈제트 추진 장치를 탑재했다. 총 8명의 선원을 태울 수 있고, 최소 40노트(46mph/74kph)이상의 속력과 뛰어난 기동성으로 판도라의 높은 파도를 가로지른다.

마타도르 조종석

## 최첨단기술을 갖춘 함선

마타도르 고속정은 시드래곤의 첨단 자석발사장치를 통해 해상에 배치되며, 군사용 충격흡수좌석이 굽이치는 파도로부터 선원들을 지켜준다. 그리고 최첨단 항법, 표적획득, 통신 장비를 갖추어 안전한 항해 및 모선 시드래곤과의 효율적인 교신이 가능하다.

항법, 통신, 표적획득 장비

좌현

### 정보 파일

| | |
|---|---|
| **제조** | RDA |
| **모델** | 마타도르 |
| **소속** | RDA 포경팀 |
| **길이** | 15.2m |
| **최고속력** | 45노트 (52mph / 83kph) |

### 흥미로운 사실

▶ 마타도르의 전면에 최첨단 음파탐지기와 수중 영상 장비를 설치했다. 선장의 이동 지휘본부로 쓰기에 안성맞춤이다.

▶ 일단 사냥감의 몸에 작살을 꽂고 밧줄로 묶는 데 성공하면, 마타도르 선원들은 툴쿤이 항복할 때까지 한참을 끌려가는 수밖에 없다.

뱃머리

선미

하이드라 기관총

탄약 벨트

## 선상 무기고

마타도르 선상에는 자이로스태빌라이저를 탑재한
90mm의 음파폭뢰 발사 장치와 세 대의 50구경
하이드라 기관총이 구비됐다. 또 뱃머리의 크기에
맞춰 작살 발사대를 설치했다. 작살투입장치와
고장력 케이블, 합성 윈치로 이루어진 대형
무기만 있으면 툴쿤이 도망칠 방법이 없다.

재장전 시스템

로켓 발사체

포경포

# 피카도르

**피카도르 수상보트**는 속도가 빠르고 움직임이 민첩해서 단거리 순찰 및 방위작전에 적합하다. 시드래곤호는 툴쿤 추격용 보트로 피카도르를 사용한다. 압도적인 속도 덕분에 그 어떤 운송수단보다도 목표물에 먼저 접근하며, 특수 무기와 전술을 적용해 사냥감을 죽음으로 몰아넣는다. 무차별 수류탄 폭격기 '청커'부터 음파 대포까지, 피카도르 선원들은 사냥감에게 어떠한 자비도 허락하지 않는다. 이들은 목표물을 무리에서 떼놓기 위해서라면 주저 없이 피카도르를 타고 툴쿤 떼의 정중앙으로 돌진해 들어간다.

'바스켓 핸들' 부분에 레이더, 안테나, 카메라 등 세 개의 감지기를 장착

전방유리가 바람막이 기능을 함과 동시에 중요한 전술적, 기술적 정보를 표시

청커 수류탄 발사장치

전략적인 공격 또는 후퇴를 위한 연막탄 발사장치

## 청커

RDA 포경팀 사냥전술의 핵심요소인 청커 90mm 수류탄 발사장치. 수위감지 스마트장치와 최첨단 사정거리 조정 및 조준 시스템으로 수류탄을 더 정확한 지점에 떨어트린다. 발사된 수류탄이 물속에서 무시무시한 굉음과 함께 폭발하면, 겁에 질린 툴쿤은 잠수해서 도망치지 못하고 그 자리에 꼼짝없이 떠 있다. 그렇게 사냥감의 행동을 통제함으로서 포획에 한 발 더 가까워진다.

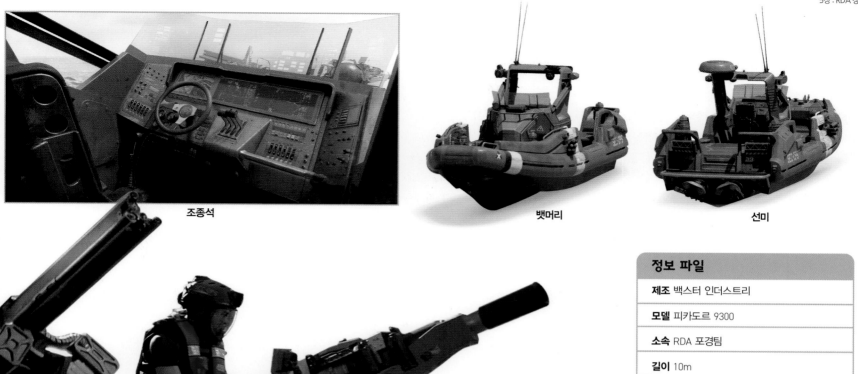

조종석

뱃머리

선미

### 정보 파일

| | |
|---|---|
| **제조** | 백스터 인더스트리 |
| **모델** | 피카도르 9300 |
| **소속** | RDA 포경팀 |
| **길이** | 10m |
| **최고속력** | 58노트 (67mph / 107kph) |

### 흥미로운 사실

> 듀얼제트 덕분에 360°회전이 가능하며 비상시 역추력장치를 이용해서 급제동한다.

> 시드래곤을 비롯한 RDA의 대형 선박에는 주황색과 회색의 구명정이 구비되어 있다. 밝은 조명으로 구명작업의 효율을 높였다.

## 음파 대포

툴쿤 떼가 가장 두려워하는 무시무시한 무기. AHD-9 음파 대포의 디자인은 지구에서 쓰이는 군중통제장비의 모양을 따왔다. 음파 대포의 공명기를 통해 툴쿤이 민감하게 느끼는 특정 주파수의 소리를 아주 높은 데시벨로 내보내면, 툴쿤은 몹시 괴로워하며 대포가 있는 곳으로부터 멀리 도망간다.

# 마코 잠수정

**빠르고 치명적인 마코 잠수정.** 본래 해안가 수비 목적으로 개발되었으나, RDA 포경팀 산하에서는 그 몇 배의 역할을 한다. 피카도르가 툴쿤 떼를 추격하는 동안 마코 잠수정도 물속에서 사냥감을 한곳으로 몰아간다. 마코 잠수정이 강한 추진력과 유체역학적인 구조를 이용해서 재빠르게 목표물의 몸에 작살을 꽂으면, 작살에 달린 자동팽창식 리프트백이 툴쿤의 몸체를 수면 위로 떠오르게 해서 강제로 속도를 낮춘다. 마지막으로 마타도르 고속정이 속도를 따라잡아 아직 붙어있던 사냥감의 목숨을 앗는 식이다. 마코 잠수정이 사냥작전에 투입되지 않을 때는 주로 물속에서 시드래곤의 수중 경계 방어를 한다. 위협적인 생명체가 접근할 때는 고성능 어뢰나 그물, 회전식 스피어 건 등 도구를 가리지 않고 빠르게 처치한다.

S-76 시드래곤에서 출격하는 마코 잠수정 부대

마코 팀 배지

세 개의 덕트형 프로펠러가 중복안전장치 및 강력한 추진력을 제공한다.

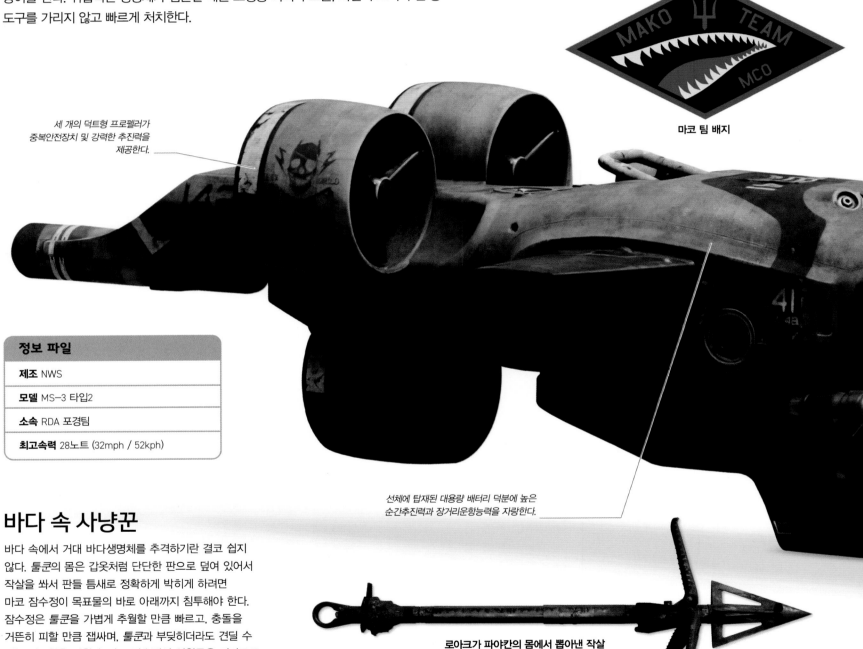

## 정보 파일

| | |
|---|---|
| **제조** NWS | |
| **모델** MS-3 타입2 | |
| **소속** RDA 포경팀 | |
| **최고속력** 28노트 (32mph / 52kph) | |

선체에 탑재된 대용량 배터리 덕분에 높은 순간추진력과 장거리운항능력을 자랑한다.

## 바다 속 사냥꾼

바다 속에서 거대 바다생명체를 추격하기란 결코 쉽지 않다. 툴쿤의 몸은 갑옷처럼 단단한 판으로 덮여 있어서 작살을 쏴서 판들 틈새로 정확하게 박히게 하려면 마코 잠수정이 목표물의 바로 아래까지 침투해야 한다. 잠수정은 툴쿤을 가볍게 추월할 만큼 빠르고, 충돌을 거뜬히 피할 만큼 잽싸며, 툴쿤과 부딪히더라도 견딜 수 있는 견고함을 갖췄다. 마코 잠수정의 선원들은 피카도르 선원들과 마찬가지로 어떤 위험도 기꺼이 감수하며 오직 사냥의 스릴을 만끽한다.

로아크가 파야칸의 몸에서 뽑아낸 작살

SEC-OPS

회전식 스피어 건 포탄

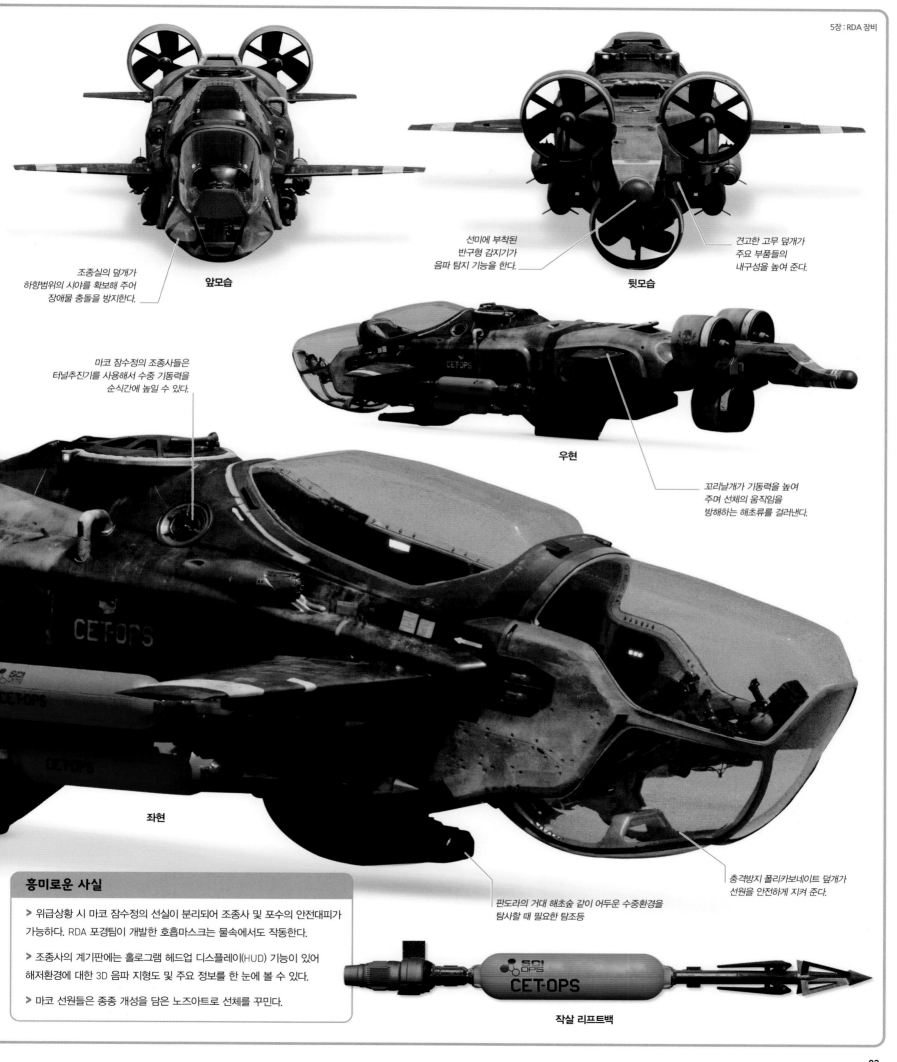

조종실의 덮개가
하향범위의 시야를 확보해 주어
장애물 충돌을 방지한다.

**앞모습**

선미에 부착된
반구형 감지기가
음파 탐지 기능을 한다.

견고한 고무 덮개가
주요 부품들의
내구성을 높여 준다.

**뒷모습**

마코 잠수정의 조종사들은
터널추진기를 사용해서 수중 기동력을
순식간에 높일 수 있다.

CET-OPS

**우현**

꼬리날개가 기동력을 높여
주며 선체의 움직임을
방해하는 해초류를 걸러낸다.

CET-OPS

**좌현**

충격방지 폴리카보네이트 덮개가
선원을 안전하게 지켜 준다.

판도라의 거대 해초숲 같이 어두운 수중환경을
탐사할 때 필요한 탐조등

### 흥미로운 사실

▶ 위급상황 시 마코 잠수정의 선실이 분리되어 조종사 및 포수의 안전대피가
가능하다. RDA 포경팀이 개발한 호흡마스크는 물속에서도 작동한다.

▶ 조종사의 계기판에는 홀로그램 헤드업 디스플레이(HUD) 기능이 있어
해저환경에 대한 3D 음파 지형도 및 주요 정보를 한 눈에 볼 수 있다.

▶ 마코 선원들은 종종 개성을 담은 노즈아트로 선체를 꾸민다.

CET-OPS

**작살 리프트백**

# 크랩 슈트

**크랩 슈트는 물속에서 작동**하는 AMP 슈트와도 같다. 선체의 중심부에 위치한 조종석은 완전히 밀폐된 채로 수심 500m의 압력을 견디도록 설계되었으며, 단단한 팔과 다리를 접었다 펼 수 있다. 크랩 슈트는 브릿지헤드의 해저 건설 및 안보작전에서 핵심 역할을 한다. RDA 포경팀 소속으로, 마타도르, 피카도르, 마코 잠수정 등이 툴쿤 사냥에 성공하는 즉시 사체처리를 위해 모선 시드래곤에서 출격한다. 크랩 슈트 없이 툴쿤의 단단한 등껍질을 뚫어 두꺼운 예인줄로 엮는 건 불가능하다. 크랩 슈트는 툴쿤 사냥대의 핵심이다. 회전식 스피어 건을 탑재해 방어 작전에도 유용하게 쓰인다.

크랩 슈트의 지면 착지 모습은 다소 어색하다. 슈트의 진가는 물속에서 드러난다.

단단한 폴리카보네이트 덮개

등껍질을 포함한 선체의 모든 판이 경량 탄소섬유로 이루어졌다.

잠수 모드

접이식 팔다리

## 수륙양용선

판도라에 귀환한 RDA는 대규모의 해양군사작전에 적합한 전술 장비가 필요했다. 기존의 AMP 슈트는 물속에서의 작전 수행과 목표 달성에 역부족이었다. 결국 생체모방(형태와 기능을 전부 복제) 기술로 AMP 슈트의 성능을 유지하며, 속도와 민첩성, 수중작업범위를 대폭 확장한 새 슈트를 설계하기로 결정했고, 잠수정의 기능을 동시에 갖춘 모빌리티 플랫폼, 크랩 슈트가 탄생했다.

## 크랩 슈트 조종석

크랩 슈트의 조종석 공간은 매우 좁지만 필요한 모든 기능을 갖추었다. AMP 슈트와 마찬가지로 슈트의 팔 부분에 역감재현(Force Feedback) 기술력을 추가했으며 팔이 전방을 향하는 것은 차이점이다. 발과 무릎의 페달을 통해 다리의 움직임을 조종하며, 손 부분의 제어장치는 단순한 손 움직임뿐만 아니라 잠수 모드 주행 시 슈트 전체를 관장하는 조이스틱으로 변신한다.

### 자연에서 얻은 영감

크랩 슈트의 자세와 그 모양은 우연히 등장한 것이 아니다. RDA 기술자들은 슈트의 유체역학적인 디자인과 운동능력을 최대화하기 위해 자연을 샅샅이 뒤졌고, 게의 움직임에서 힌트를 얻었다.

강력한 전자 덕트형 프로펠러가 슈트의 추진력을 높인다.

프로펠러에 단단한 뚜껑을 씌워 환경적인 위험으로부터 보호하고 슈트의 추진력을 높인다.

잠수 모드 주행 시 팔다리를 접어 슈트의 부피를 줄인다.

단단한 지면 위에서는 발가락 마디를 굽혀 땅을 딛고, 물속에서는 발가락을 펴서 해초 및 유기재료를 쥘 수 있다.

**크랩 모드**

조종기로 정교한 조작이 가능하며, 임무에 맞게 설정을 바꿀 수도 있다.

크랩 슈트의 앞쪽 다리에서 발판을 내려 조종사 및 선원 탑승 시 사다리로 활용한다.

**회전식 스피어 건**

**선체 추력기**

### 정보 파일

| | |
|---|---|
| **제조** | 카마스 인터모델 |
| **모델** | SMP-2 |
| **소속** | RDA 포경팀 |
| **최고속력** | 19노트 (22mph/35kph) |
| **탑승인원** | 조종사 1명 |
| **무기** | 회전식 스피어 건(자주포) |

# 시와스프

**고성능을 자랑하는 차세대 공중 건십.** 장거리 순찰이나 툴쿤 추적뿐만 아니라 RDA 보안팀 호송 및 근접항공지원(CAS) 등의 광범위한 작전을 위해 개발되었다. 무기나 조종석의 레이아웃이 RDA의 유서 깊은 AT-99 스콜피언 건십과 흡사하지만, 속도, 항속거리, 기동성 면에서는 대대적인 진화를 거친 최첨단 쿼드로터(Quad-rotor)다. RDA의 작전구역이 바다로 바뀌면서 시와스프 역시 판도라의 열대해양성 기후를 견뎌내도록 특수 설계되었다. 화살처럼 빠르면서도 해상작전에 맞게 지속적인 연료교체와 재무장에도 끄떡없을 만큼 견고한 선체를 자랑한다. 단연코 제이크 설리와 나비족 저항군이 두려워할 만한 위력이다.

**출격 준비**
시와스프 건십의 이륙 전, 지상 팀이 재충전과 재무장을 한다.

날개 끝의 빈 공간에 RDA가 최신 개발한 미사일 유도탄을 설치했다.

**뒷모습**

조종석 유리에 ITO 코팅을 적용해서 레이더 반사 면적을 최소화

건십의 가속을 위한 푸셔 터빈 출구

**옆모습**

송신기의 음파 및 조명이 툴쿤의 출현을 알린다.

**발사된 핑거**

신축형 앵커(닻)가 툴쿤의 등껍질을 뚫고 들어가서 단단히 고정시킨다.

## 툴쿤 핑거

시와스프의 임무 중 하나는 모선인 시드래곤이 툴쿤 떼의 위치를 찾도록 추적하는 것이다. 이 정찰기에는 '핑거'라고 부르는 특수 음파 송신기가 탑재되어 있다. 조종사들이 툴쿤을 발견하면 재빨리 단단한 등껍질 사이로 핑거를 발사하는데, 시드래곤을 비롯한 나머지 사냥부대는 바로 이 음파 송신기가 꽂힌 것을 보고 목표물을 뒤쫓는다.

**옆모습**

## 흥미로운 사실

> 시와스프의 겉표면은 벌집무늬를 새겨 전파를 흡수하고, 선체는 가벼운 합성소재로 보강했다.

> 시와스프의 조종석은 전면의 랩어라운드디스플레이와 측면의 멀티모드 및 홀로그램 헤드업 디스플레이(HUD) 등 화려한 기능을 자랑한다.

로터 조립 시
땀을 식혀줄 환풍구

## 정보 파일

| | |
|---|---|
| **제조** | FDM 항공우주국 |
| **모델** | AT-101 |
| **소속** | RDA 보안팀 |
| **길이** | 14m (하방 무기 길이 제외) |
| **최고속력** | 284노트 (327mph / 526kph) |

헬파이어 16발 미사일 유도탄

민첩한 기동을 위한 윙렛 조종면

네 개의 로터를 장착해
기동력을 극대화

# 고속주행에 최적화

시와스프는 현재까지 판도라의 하늘을 활공한 그 어떤 항공기보다도 빠르고, 여러 면에서 비행기의 특성을 지녔다. 기술자들이 야심차게 제작한 날렵한 선체가 흡사 제트기를 연상시키며, 거창한 로터회전 없이도 한 쌍의 푸셔 엔진만으로 최고의 추진력을 뽐낸다. 필요하다면 윙렛을 로터의 덮개까지 연장해서 조종면을 늘리거나 양력을 높일 수도 있다. 이는 고정익항공기에 맞먹는 항속거리 및 고속 곡예비행을 가능케 한다. 로터의 구조 또한 눈길을 끄는데, 듀얼로터를 양쪽에 배치해 총 네 개의 회전날개로 구동하는 '쿼드로터'로 변신시켰다. 덕분에 조종사들은 선체를 자유자재로 움직이며 저속으로 방향전환을 할 수도 있다. 한마디로 가장 민첩한 건십이다.

# 케스트렐 건십

**RDA의 차세대 덕트형 프로펠러 건십 케스트렐은** 전투 및 일반 운송작전에 두루 쓰이는 다목적 수송기로, 구형 SA-2 삼손에 비해 중량이 묵직해졌다. 뿐만 아니라 속도나 무장 면에서도 삼손을 앞선다. 더 큰 화물칸과 적재 램프가 있어 새로운 수준의 병력과 물자 배치가 가능하다. 게다가 자기장 상쇄 기능을 탑재하고 선상의 전자기기를 전부 강화한 결과 판도라의 플럭스콘(자기장 농도가 높은 지역) 안에서도 문제없이 작동하게 되었다. 조종석의 유리창 구조와 각종 첨단 감지기 덕분에, 케스트렐 조종사들은 높은 상황인식력을 가질 수 있다. 도어 포병 두 명이 양쪽 문을 지키고 선미에서도 포병 한 명이 전투태세로 방어하기 때문에, 케스트렐 건십은 기습공격이나 파괴가 쉽지 않다.

판도라의 대지 위로 대형을 갖추어 활공하는 케스트렐 건십

자기장 상쇄 장치를 항공기 전체에 부착했다.

SA-2 삼손과 비슷한 구조의 로터지만, 추진력과 효율성을 높이기 위해 크기는 더 커지고 무게는 더 가벼워졌다.

## 더 크게, 더 강력하게

길이가 총 20.4m에 달하는 케스트렐. 건십의 전형 격인 SA-2 삼손에 비해 압도적으로 커서 대규모 작전에 투입된다. 화물량이나 탑승인원의 무게도 대폭 늘어났기 때문에 기존의 활주방지장치 대신에 접이식의 단단한 기어를 사용해서 부드럽게 착지한다. 케스트렐 건십은 병력수송기인 동시에 완벽한 무장헬기로서의 위력을 떨친다. 평소에는 항공기의 연비향상을 위해 출입문과 램프를 접었다가, 적군 발견 시 선체를 전부 열어 세 개의 하이드라-B 기관총으로 목표물을 폭격한다.

눈부심 방지코팅 덕에 유리창의 '두 눈'이 툭 튀어나온 듯하다.

새롭게 설계된 로켓 발사장치는 최단시간 안에 목표물을 파괴해버린다.

**앞모습**

### 정보 파일

| | |
|---|---|
| **제조** | 에어로스페이셜 |
| **모델** | SA-9 |
| **소속** | RDA 보안팀 |
| **길이** | 20.3m |
| **최고속력** | 235노트 (270mph / 435kph) |

배기구로 적외선 신호를 흡수해 적군의 미사일이나 판도라 야생동물의 눈을 피해간다.

AT-99 스콜피언 건십의 형태를 딴 선미가 무거운 케스트렐의 기동성을 극대화한다.

거대한 트윈터빈에 강화 차광판을 덧대어 보호한다.

**옆모습**

파일런을 선체 하단에 배치하고, 문과 램프를 크게 내어 재무장이 쉽고 간편하다.

3D 프린팅 제조기법으로 탄생한 기체의 무늬

**평면도**

# 하늘 위의 맹수

판도라로 돌아온 RDA는 나비족 전사나 그 어떤
위협적인 생명체에게도 자비를 보이지 않는다.
설령 그것이 위험을 수반할지라도 말이다. SA-9
케스트렐 건십의 장비만 보아도 한껏 고조된 RDA
의 공격의지가 엿보인다. 무려 다섯 자루의 대형
기관총을 각각 가동할 수 있으며, 치명적인
헬파이어 미사일 시스템과 최첨단 로켓탄 발사
장치까지 탑재했다. 그야말로 어떤 적군이 공격해
와도 거뜬히 막아낼 수 있는 위력이다. RDA
보안팀 소속 조종사와 포병들은 케스트렐에
배치되려고 경쟁이 치열하다.

**계기판**

**조종석**

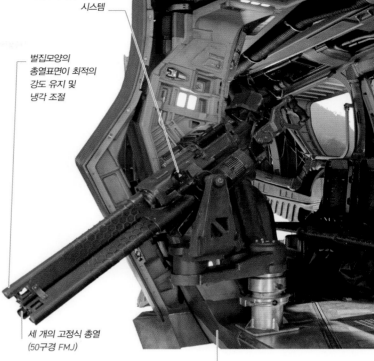

정확한 원거리 사격을
위한 카메라식 조준
시스템

벌집모양의
총열표면이 최적의
강도 유지 및
냉각 조절

세 개의 고정식 총열
(50구경 FMJ)

핀틀은 전동 갑판 내의 어떤 위치든
재배치 가능

**HMCORP MBS-23B '하이드라-B'
핀틀 마운트 중기관총**

'웨펀스 붐'을 통해
총 1,250발의 탄알을 공급해서
내장된 탄창에 저장한다.

웨펀스 파일런 또는
'스텝 윙'이라고 부르는 장치로
케스트렐 기체에 무기를 고정한다.

혁신적인 총열 냉각 시스템

## GAU 33-K 스텝 윙 건
H&F의 GAU 33-K 스텝
윙 건은 30mm의 개틀링
기관포로, 분당 1,750발의
화력을 자랑한다.

## 헬파이어 미사일 유도탄
HMCORP가 개발하고 제조한
AG-MFM 355 '헬파이어'는 자체유도
공대공 미사일이다. 실시간 퓨즈 조절
기능을 갖추었으며 발사 후 자동으로
목표물을 추적한다.

고강도 폭발물이나 소이탄 탄두를
충전해서 열대우림을 파괴하는
용도로도 쓴다.

## KM-722 듀얼 친 건
그리핀 방공시스템이 제작한 20mm 기관포
KM-722. 분당 750에서 1,000발을 쏠 수 있으며,
듀얼이기 때문에 그 위력은 두 배가 된다.

트윈총열 덮개

### 흥미로운 사실

> 케스트렐의 널찍한 좌석 및 화물칸은 덩치 큰 리콤
군사를 수용하기에도 충분하다.

> 특수부대 작전 시 기체의 양쪽에서 밧줄을 내려
열대우림으로 빠르게 침투한다.

# 6장:
# 메트카이나 부족

바다를 끼고 발달한 나비족 중 하나로 '암초 부족'으로도 불리는 메트카이나.
해안가를 둘러싼 암초, 보초, 산호섬 주변에 마을을 이루고 산다. 한적한 마을 풍경과
웅장한 맹그로브 나무 장식이 돋보이며, 거대한 암초가 자연 방파제가 되어 거친 바다로부터
부족을 지켜준다. 메트카이나 부족은 바다의 풍부한 자원을 진심으로 아끼며 자연의 리듬을
따라 생활한다. 이들은 맹렬한 전사로도 익히 알려져 있다. 평소에는 이웃 부족과
평화로운 관계를 유지하지만, 부족의 마을을 지키기 위해서라면 언제든지
그 기개를 떨칠 것이다. 오마티카야 부족이 하늘사람들과 첫 전투를 펼쳤을 때,
멀리 떨어진 메트카이나 부족은 지원사격을 할 수 없었다. 그러나 RDA가 돌아오면
이들의 평온한 세상에도 균열이 생기리라는 사실을 부족원 모두가 잘 알고 있다.

# 산호섬

**메트카이나 부족은** 지름 48km에 달하는 고리 모양의 산호섬 부근에 마을을 세웠다. 암초 벽을 따라 몇 개의 구멍이 줄지어 나 있고, 파도가 그 안을 자유로이 넘나든다. 계단식으로 늘어서 있는 물웅덩이는 오직 판도라에서만 관찰되는 특별한 풍경이다. 산호초의 빈 공간에는 아주 강력한 무척추동물 떼가 서식하는데, 이들의 움직임이 바닷물을 산호섬 꼭대기까지 뿜어 올린다. 그곳에 물이 고여 폭포를 이루면서 층층이 물웅덩이가 생겨났다. 이 기이한 현상 덕분에 메트카이나 마을의 산호섬은 지구의 여느 산호섬과는 다르게 해안선보다 높은 위치에 형성되었다.

| 정보 파일 | |
| --- | --- |
| **지역** | 산호섬 |
| **지형** | 석호 주변을 둘러싼 광상 |
| **인구** | 메트카이나 부족 |

**바다에서 온 손님**
위로 솟구치는 파도를 타고 얕은 물에서는 보기 힘든 온갖 희귀종의 물고기가 메트카이나 마을로 헤엄쳐 들어온다.

**멀리 떨어진 마을**
메트카이나 산호섬은 오마티카야 열대우림에서부터 북서쪽으로 483km 거리에 있다. 비행시간은 자그마치 여덟 시간으로, 지친 *이크란*을 위해 한 시간씩 총 세 번의 휴식시간을 갖는다.

**암초 나비족의 신념**
암초 부족은 에이와가 석호를 에워싸고 그 안에 생명을 틔우기 위해 산호섬을 지었다고 믿는다.

# 메트카이나 마을

**메트카이나 부족**은 거대한 맹그로브 나무뿌리 사이에 *마루이*를 걸어 생활한다. *마루이*란 견고한 아마풀을 엮어 만든 천막인데, 라탄과 비슷한 재질이다. 메트카이나의 모든 구조물은 판도라의 거친 해풍을 견딜 만큼 강하면서 나무뿌리를 손상시키지 않을 정도로 가볍다. 마을은 대개 몇 천 년 동안 이어져왔고, 구조물들은 버리는 대신 지속적으로 손보면서 사용한다. 메트카이나 부족이 *마루이*를 짓거나 고칠 때 쓰는 도구는 전부 암초, 바다, 섬 위의 숲에서 자원을 캐온 것이다. 부족원은 바다의 생태를 해치지 않기 위해 오직 필요한 재료만 얻으려고 조심 또 조심한다.

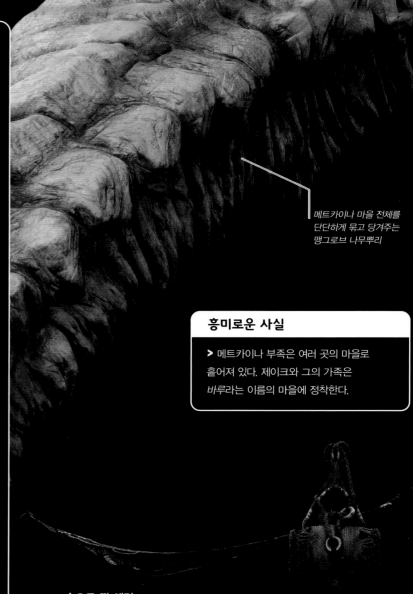

메트카이나 마을 전체를 단단하게 묶고 당겨주는 맹그로브 나무뿌리

### 흥미로운 사실

> 메트카이나 부족은 여러 곳의 마을로 흩어져 있다. 제이크와 그의 가족은 *바루*라는 이름의 마을에 정착한다.

## 공동 식사

저녁이 되면 메트카이나 부족원 모두가 식탁에 둘러앉아 음식과 이야기를 함께 나눈다. 이들 부족은 공동체의 유대와 신뢰를 무척 중시한다. 음식문화 역시 수준급인데, 암초 부족답게 완성도 높은 생선요리를 자랑한다. 구이부터 훈제까지 어떤 방법으로든 생선을 맛깔나게 요리할 수 있다. 약초와 향신료는 섬에서 캐거나 이웃 부족과 물물 교환한다. 완성된 요리는 조개껍데기나 박을 반으로 갈라 예쁘게 장식해서 그 위에 차려 낸다. 그밖에도 부족원 모두가 직접 만든 접시를 하나씩 지니고 있는데, 주재료는 나무기둥이나 껍질이다. 이 접시는 한 손으로 들 수 있는 구조여서, 다른 손으로 편안하게 음식을 차리거나 먹을 수 있다.

**손으로 짠 해먹**
메트카이나 부족은 손으로 짠 직물 해먹에 누워 잠을 잔다. 해먹은 대개 덮개 없이 외부로 노출된 구조다. 하지만 부족의 직물 짜는 실력이 워낙 빼어나서, 일 년 내내 편안하고 따뜻하게 쓸 수 있는 특별한 천을 고안해 냈다. 메트카이나 부족은 반짝이는 바다에서도 영감을 얻는다. 종종 파도를 연상시키는 자연스럽고 독특한 질감이 눈길을 끄는데, 마치 바다의 잔물결을 직물에 그대로 담은 듯하다.

워크웨이

설리 가족의 *마루이*

천을 팽팽하게 당겨 길을 만든다.

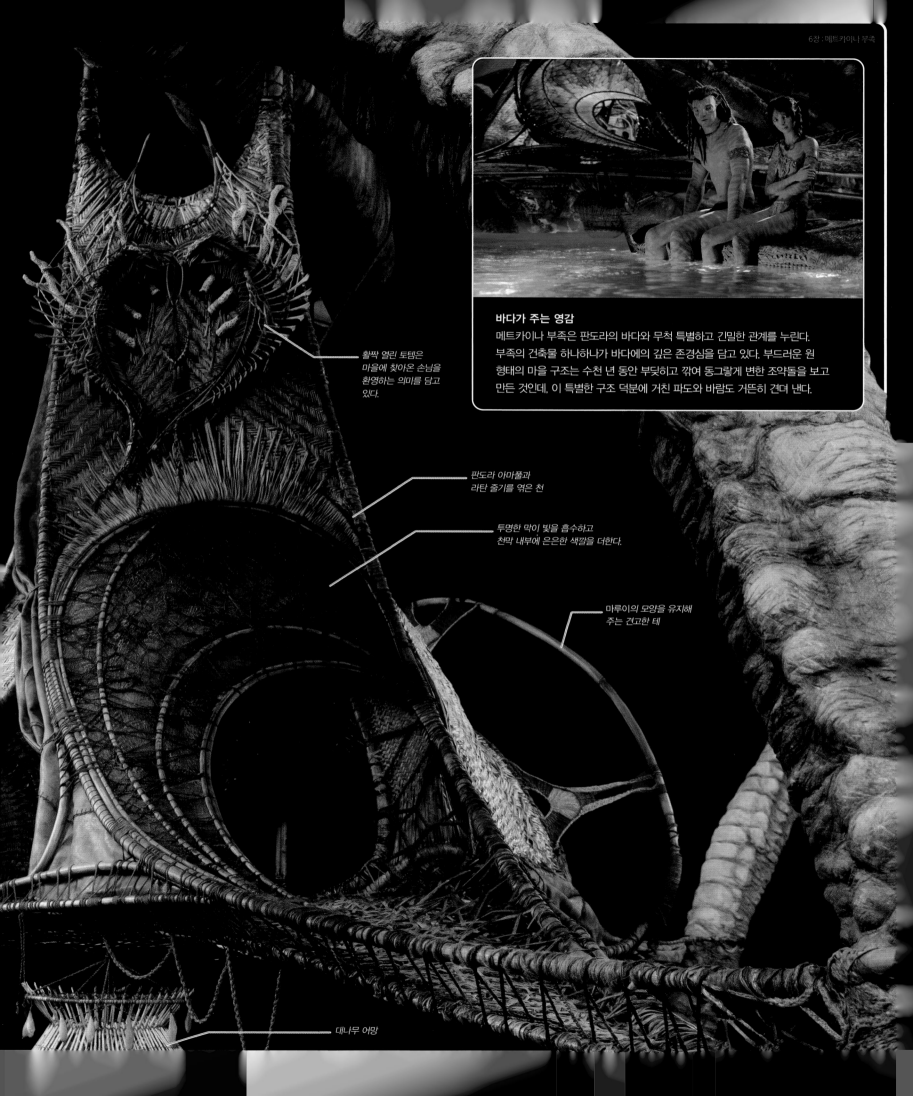

활짝 열린 토템은
마을에 찾아온 손님을
환영하는 의미를 담고
있다.

**바다가 주는 영감**
메트카이나 부족은 판도라의 바다와 무척 특별하고 긴밀한 관계를 누린다.
부족의 건축물 하나하나가 바다에의 깊은 존경심을 담고 있다. 부드러운 원
형태의 마을 구조는 수천 년 동안 부딪히고 깎여 동그랗게 변한 조약돌을 보고
만든 것인데, 이 특별한 구조 덕분에 거친 파도와 바람도 거뜬히 견뎌 낸다.

판도라 아마풀과
라탄 줄기를 엮은 천

투명한 막이 빛을 흡수하고
천막 내부에 은은한 색깔을 더한다.

마루이의 모양을 유지해
주는 견고한 테

대나무 어망

# 토노와리

**강인하고 자부심 강한 모습**으로 메트카이나 부족의 존경을 한 몸에 받는 올로에이크탄. 토노와리는 제이크 설리가 오마티카야 부족을 이끌었던 것처럼 메트카이나 공동체의 안정된 생활을 총책임진다. 모두가 그의 위엄 넘치는 모습과 높은 이상, 그리고 위기 속에서 부족을 이끄는 지도력을 우러러본다. 제이크와 그의 가족이 메트카이나 마을을 찾아오자, 토노와리는 이들이 부족의 삶에 어떤 파급효과를 불러올 것인지 몹시 갈등한다. 그러나 결국 아내이자 *차히크*인 로날의 지지로 설리 가족에게 우투루(피난처)를 제공하는 어려운 결정을 내린다.

## 메트카이나 문신

메트카이나 부족의 얼굴과 몸에는 문신이 눈에 띈다. 개성 넘치는 문양이 구성원 각자의 살아온 삶을 이야기하며, 문신의 위치에 따라 뜻도 달라진다. 가슴팍에 새긴 문신은 마을의 중심인 산호섬을 상징하고, 팔의 문신은 마을을 지켜주는 암초 벽을 상징한다. 예컨대 주특기가 바다사냥인 부족원은 가슴보다 팔에 더 화려한 문신을 새기는 식이다. 이들은 문신이 *에이와*로부터 왔으며, 부족원이 서로 주고받는 선물이라고 믿는다. 또한 아주 특별한 바다동물의 몸에서 먹물을 추출한다. 올로에이크탄 토노와리의 문신은 부족 내의 남성을 통틀어 가장 정교하고 복잡하다. 얼굴, 몸통, 팔과 등까지 문양이 새겨져 있다.

무지갯빛 조개껍데기를 조각내고 손으로 꼰 뒤, 직물 장식을 추가했다.

**완장**

단단히 땋은 머리가 물 안과 밖 어디서든 시야를 확보해 준다.

상징적인 문신이 인생의 중요한 사건을 나타낸다.

아쿨라의 이빨 목걸이

전투 및 사냥 시 칼을 뽑기 편하도록 허리춤에 칼집을 찬다.

### 정보 파일

| | |
|---|---|
| **이름** | 토노와리 |
| **종** | 나비족 |
| **소속** | 메트카이나 |
| **키** | 2m 92cm |

용맹한 지도자 토노와리는 전투의 최전선에서 부족원을 이끈다.

이 작은 조개껍데기 토템만으로도 로날의 노래를 몇 소절이나 들을 수 있다.

**노랫줄**

아쿨라의 이빨에서 영감을 얻은 톱니 모양

천연염색을 한 해초를 땋아 만든 손잡이

## 메트카이나 칼날
메트카이나 칼은 단단한 바다조약돌의 한 종류인 흑요석으로 만든다. 이 맑고 투명한 무기는 질긴 해초도 단번에 자를 만큼 단단하고, 물고기의 얇은 비늘을 벗기기 쉽도록 무척 날카롭고 정교하게 만들어졌다.

**제복 망토**
부족의 특별한 춤이나 의식-예컨대 성인식-에서 토노와리가 걸치는 망토. 그물망사와 이크란 날개 가죽, 윤을 낸 조개껍데기 등을 달아 화려하게 만든다.

마크라메 매듭

물고기 비늘

알록달록하게 땋은 매듭과 밧줄

정교한 물고기 비늘 가죽 직물

# 이크니마야

오마티카야 부족과 마찬가지로, 젊은 메트카이나 부족원은 *이크니마야*라고 부르는 성인식을 치러야만 부족의 정식 구성원으로 인정을 받는다. 대표적으로 츠라크(스킴윙)와의 교감에 성공하거나 영혼의 형제·자매로 맺어진 툴쿤과 함께 몇 단계에 걸친 시험을 통과하는 것이 의례다. 젊은 부족원이 주어진 임무를 다 해내고 나면, 특별한 옷 장식(왼쪽)과 생애 첫 번째 문신, 그리고 노랫줄에 추가할 세 개의 구슬을 선물로 얻게 된다.

암초 주변 맹그로브 숲에서 따온 아마풀 장식

두꺼운 가죽 허리띠와 가죽 술

### 흥미로운 사실
> 메트카이나 부족은 오랜 시간 동안 바다생활에 꼭 맞는 무기와 안장을 손수 만들어 왔다.

> 우투루란 나비족의 공통 문화로서, 지친 나그네에게 은신처를 내어 주겠다는 엄숙한 약속이다.

**토노와리**

# 로날

로날은 메트카이나 부족의 용맹하고 독립적인 *차히크*(주술사)로서 부족 전체의 영적인 필요를 돌보는 동시에 사냥과 전투에도 뛰어나다. 부족원을 지키기 위해서라면 그 어떤 위험도 감수할 준비가 되어 있다. 토노와리와 결혼하여 두 명의 아이 – 츠이레야와 아오눙 – 를 낳았으며 세 번째 아기를 임신 중이다. 숲을 떠난 제이크와 네이티리가 우투루를 찾아 메트카이나 부족의 마을인 산호섬으로 찾아오지만, 로날은 이들 가족을 보자마자 퇴짜를 놓는다. 로날은 제이크와 RDA가 몰고 올 전쟁을 도무지 받아들일 수가 없는데다가 설리 가족을 좀 깔보기까지 한다. 로날의 눈에는 숲 부족 출신인 설리 가족이 메트카이나 부족의 생활방식에 적응하여 쓸모 있는 구성원이 될 수 있을지 의문스러워 보인다.

로날은 중요한 영적 의식에서 토노와리를 비롯한 부족원 모두를 이끈다.

*마린이크란(도라도 베르데)의 가족으로 만든 머리 장식*

*가문과 계급을 나타내는 얼굴 문신*

*무지갯빛 조개껍데기를 견고하게 엮어 만들었다.*

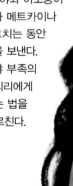

**전투용 완장**

## 스승이자 지도자

토노와리가 제이크를, 츠이레야와 아오눙이 제이크의 아이들을 맡아 메트카이나 부족의 생활방식을 가르치는 동안 로날도 네이티리와 시간을 보낸다. 로날은 오마티카야 부족의 *차카렘*(예비 *차히크*)인 네이티리에게 바다와 조화를 이루며 사는 법을 가르친다.

| 정보 파일 | |
|---|---|
| **이름** 로날 | |
| **종** 나비족 | |
| **소속** 메트카이나 | |
| **키** 2m 62cm | |

# 영적 의식의 주도자

로날은 차히크로서 부족의 모든 영적 의식을 이끈다. 그 중 가장 아름답고 강력한 경험을 꼽자면 단연 '첫 숨' 의식이다. 메트카이나 부족이 얕은 물가에 모여 서서 새로운 나비족 아기의 탄생을 지켜본다. 산모는 태어난 아기가 힘껏 물 밖으로 나와 첫 숨을 쉬도록 안내하는데, 로날이 모든 과정을 돕는다. 새 생명이 물에서 공기로 나아가는 첫 순간을 기념하는 상징적인 의식이다. 메트카이나 부족은 이 특별한 의식을 툴쿤과 함께한다. 나비족 산모의 옆에서 어미 툴쿤도 새끼를 낳는다. 모두가 한 마음으로 나비족 아기와 새끼 툴쿤을 부족의 새 구성원으로 맞이하는 인상 깊은 순간이다.

## 머리 장식

공식 의례에서는 차히크의 이마에 조개껍데기 장식을 붙인다.

가죽끈을 꼬아 머리카락에 묶는다.

풍성하게 늘어진 진주모

## 차히크의 목걸이

로날은 크기가 작고 바늘처럼 뾰족한 칼이 숨겨진 특별한 목걸이를 찬다. 이 칼은 다양한 의식에 활용된다. 정교한 구슬을 엮어 만든 목걸이를 귀 뒤쪽으로 늘어트리고 머리 장식과 연결해서 착용한다.

대대로 차히크에게 전해져 내려오는 장신구

단단한 조개껍데기가 차히크의 칼을 보호한다.

**차히크의 조개껍데기**

## 약초 주머니

가죽으로 만든 주머니에 아픈 부족원의 치유를 위한 약초, 침 바늘, 물약이 담겨 있다.

치마에 엮어낸 노랫줄은 로날과 모든 부족원의 연결고리를 상징한다.

**로날의 칼과 칼집**

아쿠아마린과 바다 수정을 깎아 만든 칼날

츠이레야의 탄생을 기념하는 조개껍데기

### 홍미로운 사실

> 로날은 메트카이나 부족의 차히크지만 사냥, 채집, 요리 등 부족 생활의 모든 면을 함께한다.

## 메트카이나 치마

로날의 치마는 차히크의 계급을 보여 준다. 각종 해초와 풀, 조개껍데기, 암초에서 피는 꽃잎을 모아 천연색을 입혔다.

**로날의 헤엄복장**

**노랫줄**

# 츠이레야

**올로에이크탄 토노와리와 차히크 로날의 딸, 츠이레야.** 늘 기품 넘치는 태도로 부모의 신뢰를 한 몸에 받는다. 메트카이나 마을에 갓 도착한 설리 가족은 암초 부족의 생활에 대해 배울 것이 많은데, 이들을 도울 안내자로 츠이레야가 제격이다. 츠이레야는 친절하고 인내심이 강하며 어린 투크티리도 살뜰히 돌봐 준다. 설리 가족을 경계하는 부족원과 달리, 츠이레야는 침착한 태도와 열린 마음으로 이들을 기꺼이 맞이한다.

메트카이나 부족의 얼룩 피부는 오마티카야 부족의 줄무늬 피부와는 다른 느낌을 풍긴다.

**츠이레야의 노랫줄**
노랫줄에 츠이레야 자신의 특별한 경험을 몇 가지 넣긴 했지만, 대부분의 구슬과 장신구는 이웃 부족원에 대한 감탄과 감사의 마음을 담고 있다.

물고기 모양의 조개껍데기로 '첫 숨' 의식을 기념한다.

작은 물방울 머리 장식

해초로 짠 끈

완장

엮은 조개껍데기

직물손잡이

마크라메 매듭의 암초 상의

## 바다의 안내자

설리 가족이 메트카이나 *마루이* 생활에 정착하자, 츠이레야를 비롯한 메트카이나 아이들이 설리 사남매를 데리고 첫 암초 탐험에 나선다. 그러나 잠수경험이 없는 숲 부족 아이들은 물속에서 헤엄치거나 숨 쉬는 데 몹시 서툴다. 메트카이나 아이들은 그런 사남매를 답답해 하지만, 츠이레야는 설리 가족에게 시간이 필요하다는 걸 이해하며 이들에게 숨 참기, 잠수, 헤엄, 메트카이나 수어(手語) 같은 기초 기술을 차근차근 가르친다.

유리몽돌 칼날

### 공급자
츠이레야는 자신의 칼을 무척 아낀다. 종종 칼로 사냥을 해서 부족원에게 음식을 나눠주곤 한다. 칼을 잘 관리할수록 부족에게 건강한 음식을 더 많이 줄 수 있다.

**츠이레야의 칼**

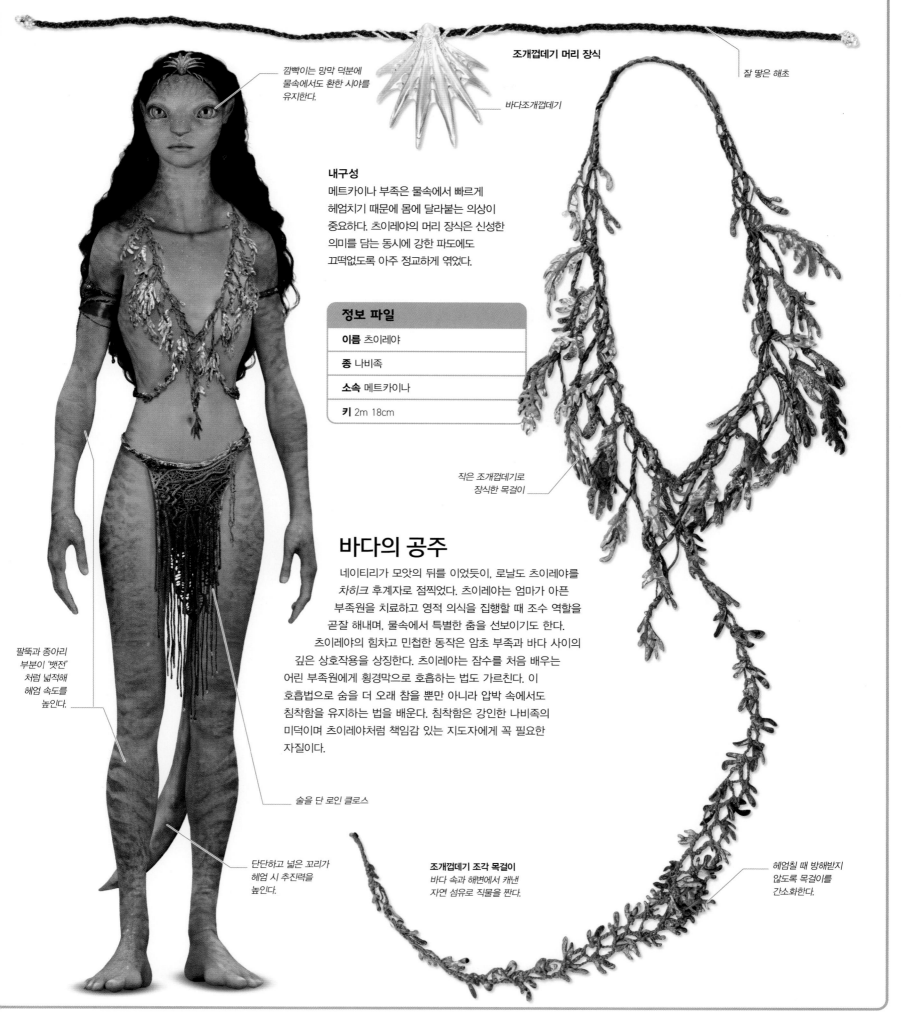

깜빡이는 망막 덕분에
물속에서도 환한 시야를
유지한다.

**조개껍데기 머리 장식**

바다조개껍데기

잘 땋은 해초

### 내구성

메트카이나 부족은 물속에서 빠르게
헤엄치기 때문에 몸에 달라붙는 의상이
중요하다. 츠이레야의 머리 장식은 신성한
의미를 담는 동시에 강한 파도에도
끄떡없도록 아주 정교하게 엮었다.

| 정보 파일 | |
|---|---|
| **이름** | 츠이레야 |
| **종** | 나비족 |
| **소속** | 메트카이나 |
| **키** | 2m 18cm |

작은 조개껍데기로
장식한 목걸이

### 바다의 공주

네이티리가 모앗의 뒤를 이었듯이, 로날도 츠이레야를
차히크 후계자로 점찍었다. 츠이레야는 엄마가 아픈
부족원을 치료하고 영적 의식을 집행할 때 조수 역할을
곧잘 해내며, 물속에서 특별한 춤을 선보이기도 한다.
츠이레야의 힘차고 민첩한 동작은 암초 부족과 바다 사이의
깊은 상호작용을 상징한다. 츠이레야는 잠수를 처음 배우는
어린 부족원에게 횡경막으로 호흡하는 법도 가르친다. 이
호흡법으로 숨을 더 오래 참을 뿐만 아니라 압박 속에서도
침착함을 유지하는 법을 배운다. 침착함은 강인한 나비족의
미덕이며 츠이레야처럼 책임감 있는 지도자에게 꼭 필요한
자질이다.

팔뚝과 종아리
부분이 '뱃전'
처럼 넓적해
헤엄 속도를
높인다.

술을 단 로인 클로스

단단하고 넓은 꼬리가
헤엄 시 추진력을
높인다.

**조개껍데기 조각 목걸이**
바다 속과 해변에서 캐낸
자연 섬유로 직물을 짠다.

헤엄칠 때 방해받지
않도록 목걸이를
간소화한다.

# 아오눙

아오눙은 부족 안에서 어른이 되는 통과의례를 거치는 중이다. 로날과 토노와리의 아들로서, 자신감 넘치는 헤엄과 사냥실력으로 또래 소년들의 부러움을 받고 있다. 설리 가족이 돌연 피난처를 찾아 암초 마을에 나타난 뒤, 아오눙과 그의 무리는 처음 겪는 일에 놀란 기색을 감추지 못한다. 게다가 설리 아이들에게 암초 부족 생활을 가르치라는 부모의 부탁을 받자, 아오눙의 놀란 감정은 이내 분노와 억울함으로 바뀐다.

| 정보 파일 | |
| --- | --- |
| **이름** | 아오눙 |
| **종** | 나비족 |
| **소속** | 메트카이나 |
| **키** | 2m 57cm |
| **나이** | 15세 |

아직 어려서 몸에 문신을 새길 수 없다.

넓적한 팔뚝이 '뱃전' 역할을 하며 헤엄 속도를 더한다.

아오눙과 여동생 츠이레야가 설리 아이들을 데리고 메트카이나 부족의 신성한 장소인 '선조들의 만'으로 향한다.

## 떨떠름한 안내자

침착하고 이해심이 넘치는 여동생 츠이레야와 달리, 아오눙은 설리 가족을 돕는 일을 무척 떨떠름하게 여긴다. 설리 아이들이 갑자기 나타나 시간을 뺏는 게 성가셔서 참을 수가 없다. 츠이레야가 없는 틈을 타서 설리 아이들, 특히 키리를 괴롭히는 바람에 결국 네테이얌과 로아크, 그리고 암초 부족 아이들 사이에 다툼이 벌어지고 만다. 그러나 RDA의 위협이 점점 거세지자 아오눙과 설리 아이들 간에도 특별한 우정이 싹튼다. 침입자로부터 메트카이나 마을을 지키기 위해 힘을 합쳐 싸우면서 이들의 유대도 점점 깊어진다.

**아오눙의 허리띠와 로인 클로스**

**메트카이나 예비 전사**
아오눙은 아직 부족의 전사가 되기 위한 성인식을 통과하지 못했기 때문에 전투나 사냥 시에 전사의 복장을 착용하지 않는다.

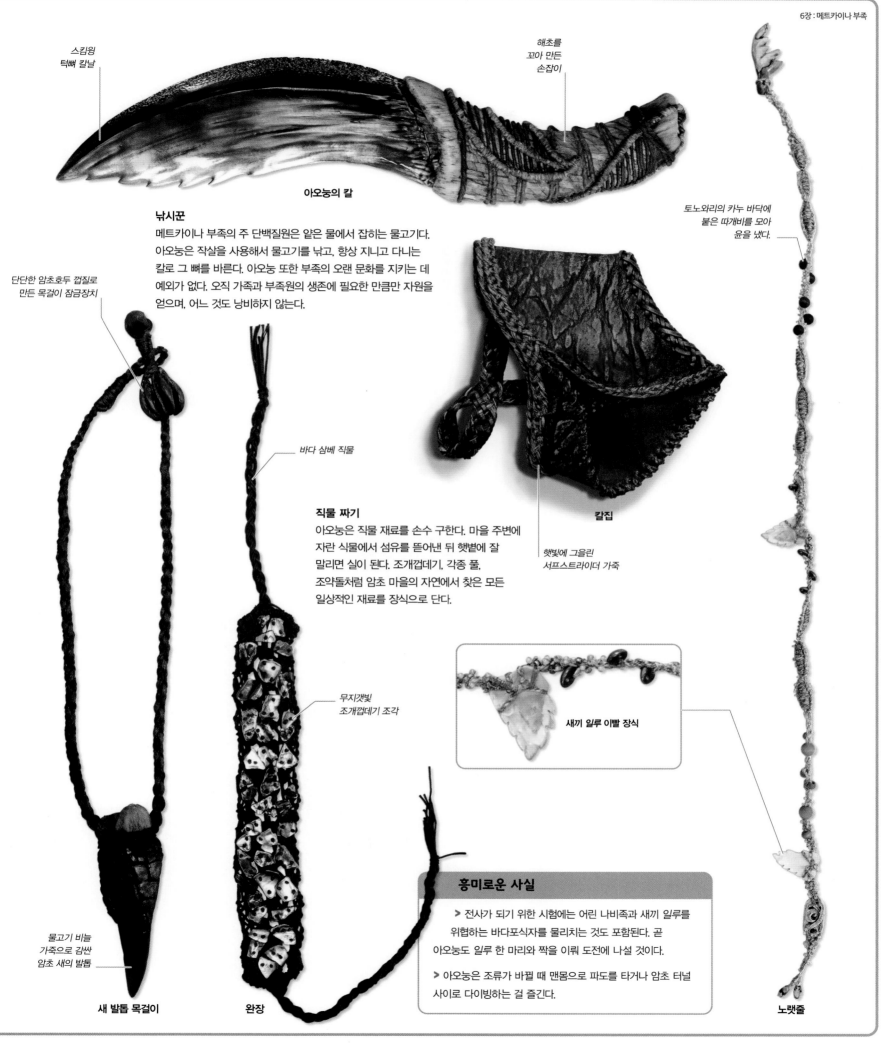

스킴윙 턱뼈 칼날

해초를 꼬아 만든 손잡이

**아오눙의 칼**

토노와리의 카누 바닥에 붙은 따개비를 모아 윤을 냈다.

### 낚시꾼

메트카이나 부족의 주 단백질원은 얕은 물에서 잡히는 물고기다. 아오눙은 작살을 사용해서 물고기를 낚고, 항상 지니고 다니는 칼로 그 뼈를 바른다. 아오눙 또한 부족의 오랜 문화를 지키는 데 예외가 없다. 오직 가족과 부족원의 생존에 필요한 만큼만 자원을 얻으며, 어느 것도 낭비하지 않는다.

단단한 암초호두 껍질로 만든 목걸이 잠금장치

바다 삼베 직물

### 직물 짜기

아오눙은 직물 재료를 손수 구한다. 마을 주변에 자란 식물에서 섬유를 뜯어낸 뒤 햇볕에 잘 말리면 실이 된다. 조개껍데기, 각종 풀, 조약돌처럼 암초 마을의 자연에서 찾은 모든 일상적인 재료를 장식으로 단다.

**칼집**

햇빛에 그을린 서프스트라이더 가죽

무지갯빛 조개껍데기 조각

**새끼 일루 이빨 장식**

물고기 비늘 가죽으로 감싼 암초 새의 발톱

### 흥미로운 사실

> 전사가 되기 위한 시험에는 어린 나비족과 새끼 일루를 위협하는 바다포식자를 물리치는 것도 포함된다. 곧 아오눙도 일루 한 마리와 짝을 이뤄 도전에 나설 것이다.

> 아오눙은 조류가 바뀔 때 맨몸으로 파도를 타거나 암초 터널 사이로 다이빙하는 걸 즐긴다.

**새 발톱 목걸이**    **완장**    **노랫줄**

# 메트카이나 카누

메트카이나 부족은 직물 짜는 재주를 의복이나 *마루이*에 제한하지 않고, 바다에 띄울 아름다운
선박을 만드는 데도 사용한다. 메트카이나 카누는 뱃머리 장식부터 커다란 하프 모양의 밧줄
구조물까지 무척 정교하게 설계된 공예품이다. 부족원의 주 이동수단은 일루지만, 이 카누 역시
중요한 역할을 한다. 가족이 함께 이동할 때나 일루의 안장에 싣기 무거운 물건을 운반할 때
카누가 유용하게 쓰인다. 또한 바다에서 영적 의식이 치러질 때, 부족원이 삼삼오오 카누에 앉아
그 특별한 순간을 지켜볼 수 있다. 성스러운 의식을 앞두고는 정성들여 꽃을 모아 카누를
장식한다. 부족원 모두가 이 감성적인 광경을 공유하면서 더 깊은 유대감을 키운다.

## 정보 파일

| | |
|---|---|
| **제조** | 메트카이나 가족 |
| **모델** | 수공예 아웃리거 카누 |
| **소속** | 메트카이나 |
| **길이** | 8m 53cm |
| **최고속력** | 12노트 (14 mph / 22 kph) |
| **탑승인원** | 어른 2~4명 |
| **무기** | 없음 |

조개껍데기를 비롯한
자연 재료로
뱃머리를 장식한다.

## 부족의 기술

올랑기 부족은 다이어호스와, 타이랑기 부족은 *이크란*과
조화를 이루어 살 듯이 메트카이나 부족은 바다(혹은 바다
생명체)와 조화를 이루며 생존해 나간다. 모든 부족원이
어린 시절부터 석호에 나가 가족이 만든 카누로 항해술을
배우고, 커서는 암초 벽 너머의 더 위험한 바다도 탐험하기
시작한다. 카누의 모양과 색깔은 종종 메트카이나 부족
고유의 이야기를 담고 있어서, 바다에서 다른 부족의
카누를 만나면 금세 소속을 알아볼 수 있다. 메트카이나
부족이 카누 공예에 무척 공을 들이는 것도 그 까닭이다.

메트카이나 마을을 받치고 있는 맹그로브 나무를 베지 않고 다듬어서 만든 노

항해 시 안정성을 높이기 위해 아웃리거 구조물을 달았다.

## 가족의 선박

메트카이나 카누는 한 가족의 사랑어린 손길을 담은 공예품이며, 그 크기와 생김새가 다양하다. 거친 바다사냥이나 낚시에도 거뜬할 만큼 견고하게 설계한다. 그래서인지 나비족 아이가 어른이 될 때까지도 튼튼하게 유지된다. 시간이 지나 카누가 자연스럽게 분해될 즘이면, 그 배와 함께 자란 가족은 무척 깊은 감정을 느낀다. 이들은 종종 낡은 카누의 일부를 떼어 가족의 노랫줄에 엮어 오래도록 보관한다.

해초를 엮은 장식

노

말린 이크란 가죽이 배의 외벽에 방수 기능을 더한다.

카누

날카로운 뱃머리가 거친 파도를 뚫고 나간다.

**선조들의 만**
메트카이나 부족이 가장 신성한 장소로 여기는 '선조들의 만'은
판도라 행성 곳곳에 존재하는 플럭스콘 중 하나로, 자기장과
언옵타늄 광석이 집중된 지역이다. 강한 자기장으로 인해 공중에
뜬 섬을 볼 수 있다. 바다 안팎으로 플럭스 피닝, 일명 퀀텀 락킹이
작용하며 섬을 단단히 붙잡고 있다. 공중에 뜬 섬은 산호섬이라는
지형적 특징으로 인해 할렐루야 산보다 규모가 작고, 수평으로
퍼진 모습이다. 석회암과 언옵타늄 외에도 사암으로 이루어져
있어서, 특별한 부식현상이 관찰된다. 이것 때문에 정교한
바다동굴이나 수평의 섬이 생겨났다. 플럭스콘을 가장 극적으로
나타내는 건 중앙의 웅장한 아치 구조와, 그것이 내뿜는
고리모양의 기이한 빛이다.

# 영혼의 나무

'선조들의 만'에는 바다 부족 메트카이나 만의 특별한 영혼의 나무가 있다.
바다 깊은 곳에 위치한 영혼의 나무는 메트카이나 부족원이 먼저 죽은 조상 또는
*에이와*와 교감할 수 있도록 해준다. 나비어 명칭은 *란텡 우트랄티*로,
장엄한 동시에 아주 섬세하다. 이 영혼의 나무는 소리의 나무(*우트라야 모크리*)
나 영혼의 나무(*비트라야 라무농*)가 오마티카야 부족에게 그랬듯이
메트카이나 부족에게 깊은 의미를 끼친다. 메트카이나 부족은 우아하게 빛나는
형광의 잎에 *쿠루*를 연결해서 영혼의 나무와 교감한다. *차헤일루*를 맺는데
성공하면 영혼의 나무로부터 산소를 공급받기 때문에 물속에서 오래 머무를
수 있다. 그러나 메트카이나 부족은 언제나 짝을 이뤄 *차헤일루* 의식에 임한다.
영혼의 나무와 교감을 맺는 나비족의 정신이 몸으로부터 완전히 분리되는 동안,
함께 헤엄쳐 내려간 나비족이 짝의 상태를 유심히 지켜본다. 나무와 연결된
나비족은 *에이와*의 신경네트워크에 접속하고, 새로운 기억을 전송하거나
과거의 기억을 엿볼 수 있다. 또한 네트워크에 저장된 조상의 '영혼'과도
교감할 수 있다. 감정적으로 몹시 강력한 경험이어서, 교감을 끝낸 뒤
물 밖으로 올라오려면 짝의 도움이 더러 필요하다.

## 에이와

*에이와*는 판도라 행성 전체를 잇는 하나의 정신이자, 생태계 전부를 조화로 이끄는 힘이다.
나비족은 *에이와*를 여신으로 믿으며 깊은 신앙을 지킨다. 판도라 행성이 몸이라면,
*에이와*는 몸의 자원이 완벽히 사용되도록 관장하는 '뇌'다. 즉, *에이와*는 모든 생명체가
자연과 조화롭게 균형을 이루어 살도록 돕는다.
'모든 생명을 하나로 잇는 네트워크'란 지구에서는 정신적인 개념으로 여겨지지만,
이곳 판도라에서는 물리적인 개념이며 분명히 실재한다.

## 동물성 식물군

판도라에는 동물·식물을 넘어선 동물성 식물군이 존재한다. 이들은 종종
육식식물이나 부생식물(죽거나 썩은 생물체로부터 양분을 섭취하는 식물)의 특징을 띠며,
인간의 근육신경계와 비슷한 신체기능을 통해 움직인다. 영혼의 나무도 이 군집에 속한다.
영혼의 나무는 광합성 대신에 동물성 플랑크톤이나 크릴을 섭취한다.
식물보다는 무척추성 동물의 행동양식을 띠는 셈이다.

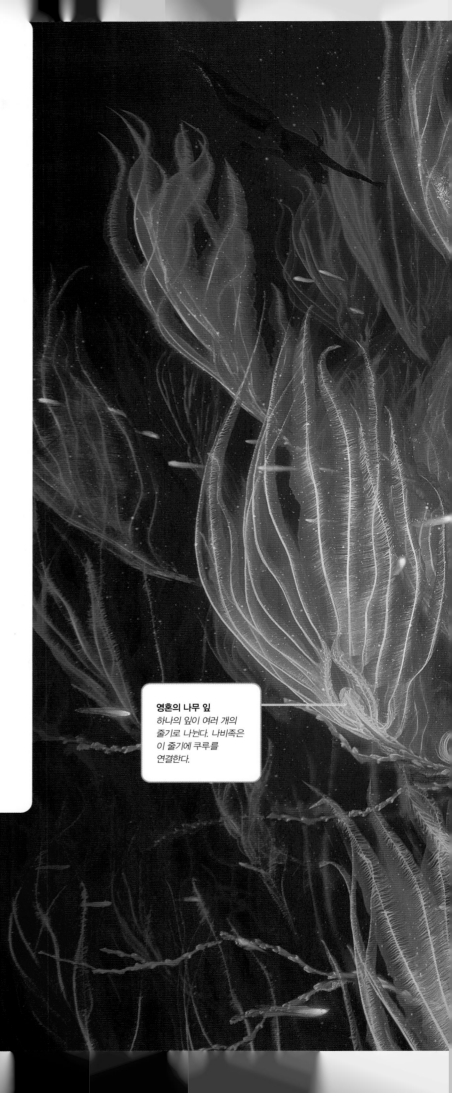

**영혼의 나무 잎**
하나의 잎이 여러 개의
줄기로 나뉜다. 나비족은
이 줄기에 쿠루를
연결한다.

**거름망**
특수 거름망이 물에 떠 있는
먹이조각을 걸러 준다.

## 정보 파일

**나비어 명칭** 란텡 우트랄티

**인간 명칭** 영혼의 나무

**위치** 선조들의 만

## 흥미로운 사실

> 선조들의 만 한 가운데 위치한 영혼의 나무는 거센 파도에도
안전하다.

> 영혼의 나무는 밀물에 높아지고 커졌다가, 썰물에 다시
낮아지고 작아진다.

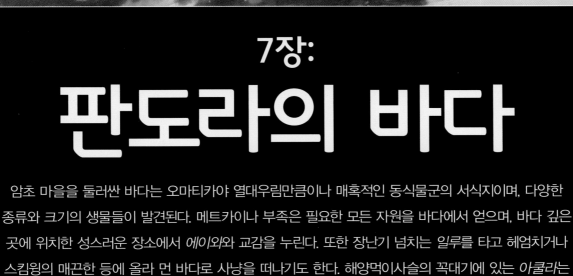

# 7장:
# 판도라의 바다

암초 마을을 둘러싼 바다는 오마티카야 열대우림만큼이나 매혹적인 동식물군의 서식지이며, 다양한 종류와 크기의 생물들이 발견된다. 메트카이나 부족은 필요한 모든 자원을 바다에서 얻으며, 바다 깊은 곳에 위치한 성스러운 장소에서 *에이와*와 교감을 누린다. 또한 장난기 넘치는 일루를 타고 헤엄치거나 스킴윙의 매끈한 등에 올라 먼 바다로 사냥을 떠나기도 한다. 해양먹이사슬의 꼭대기에 있는 *아쿨라*는 메트카이나 부족에게도 몹시 위협적인 존재여서, 그저 도망갈 뿐 맞설 방법은 없다.

판도라의 바다에 거주하며 메트카이나 부족과 깊은 유대를 맺는 고래과의 동물, 툴쿤도 빼놓을 수 없다. 메트카이나 부족은 이 지각력 있는 생명체를 형제·자매로 여기며 부족의 일부로 받아들인다. RDA의 판도라 해양연구는 이제 시작단계일 뿐이다. 그러나 과학자들은 일찍이 툴쿤의 뇌에서 아주 귀하고 수확가치가 높은 물질을 발견했고, 이는 툴쿤과 암초 부족에게 큰 불행을 몰고 온다.

# 말미잘과 산호

**판도라의 바다 속 암초**에는 말미잘, 산호, 식물 및 해조류의 공생관계가 펼쳐진다. 다양한 생명체의 상호작용 – 산소교환, 광합성, 수정, 노폐물 제거 등 – 이 암초를 더욱 무성하게 자라게 한다. 암초의 얼기설기 얽힌 구조가 서로 촘촘히 연결된 해양생물의 삶을 한 눈에 보여준다. 이는 *에이와* 네트워크의 특징인 프랙털(Fractal) 구조와도 닮은 모습이다. *에이와* 네트워크에 속한 모든 생물은 하나의 유기체로 호흡하며 균형과 안정성을 유지한다. 판도라의 암초는 무척 풍부하고 건강하다. 온갖 모양, 크기, 빛깔의 말미잘과 산호, 그밖에도 다채로운 생물군이 이곳에 서식한다. RDA 과학자들은 한결같이, 온 우주를 통틀어 이처럼 풍성한 생태계를 본 적이 없다고 말한다.

거대하고 섬세한 구조의 버섯 산호 사이로 햇빛이 침투해서 그 속에 공생하는 해조류에까지 태양에너지를 공급한다.

모든 암초 생명체는 몇 억 년에 걸쳐 공진화하며 판도라 행성에서 가장 오래되고, 풍부한 서식지를 이루었다.

왕관 모양의 촉수

몸체를 최대
12m까지 연장

## 뜻밖의 습격

데이지 말미잘은 강력한 촉수로 순식간에 물고기를 낚아채서 먹이로 섭취한다. 특정한 대형 포식자 어류의 몸에 흐르는 생체 전류를 탐지할 수 있으며, 이들이 짝을 유혹하기 위해 보내는 신호를 모방함으로서 먹잇감을 끌어들인다. 목표물이 가까이 다가오면 재빨리 몸체를 뻗어 촉수로 먹잇감을 단단히 움켜쥐고, 그 몸속에 독을 퍼트려 서서히 마비시킨다. 그 다음, 먹이를 입으로 가져가서 분비된 소화효소로 분해시킨다. 데이지 말미잘은 큰 물고기에게 위협적인 존재지만, 그보다 작은 어류에게는 은신처가 되어주기도 한다.

강한 독성의 촉수

움츠러져서
휴식하는 상태

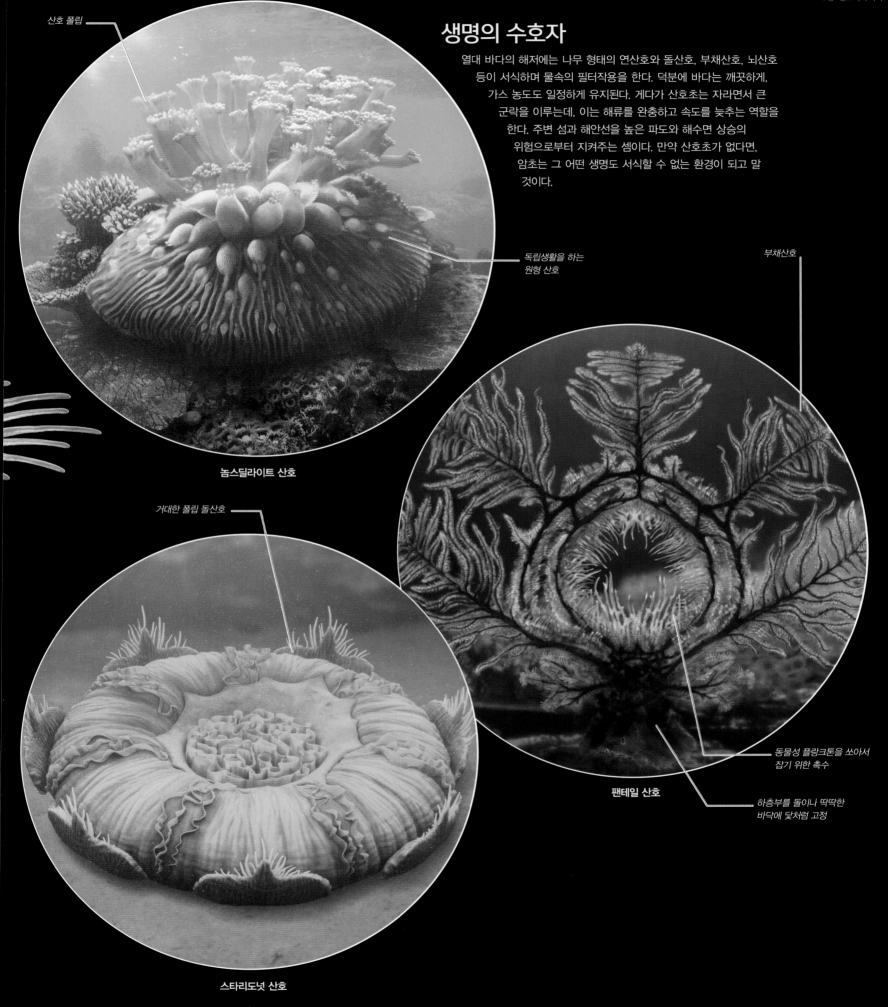

## 생명의 수호자

열대 바다의 해저에는 나무 형태의 연산호와 돌산호, 부채산호, 뇌산호
등이 서식하며 물속의 필터작용을 한다. 덕분에 바다는 깨끗하게,
가스 농도도 일정하게 유지된다. 게다가 산호초는 자라면서 큰
군락을 이루는데, 이는 해류를 완충하고 속도를 늦추는 역할을
한다. 주변 섬과 해안선을 높은 파도와 해수면 상승의
위험으로부터 지켜주는 셈이다. 만약 산호초가 없다면,
암초는 그 어떤 생명도 서식할 수 없는 환경이 되고 말
것이다.

산호 폴립

독립생활을 하는
원형 산호

부채산호

**놈스딜라이트 산호**

거대한 폴립 돌산호

동물성 플랑크톤을 쏘아서
잡기 위한 촉수

**팬테일 산호**

하층부를 돌이나 딱딱한
바닥에 닻처럼 고정

**스타리도넛 산호**

# 일루

**똑똑하고, 장난기 넘치고, 빠르고, 때론 치명적이기까지 한 일루.**
유선형의 우아한 움직임으로 물속에서 자유자재로 헤엄치며, 무리지어
사냥하는 모습은 흡사 아름다운 무용 안무를 떠올리게 한다. 일루는
폐호흡을 하는 동물로, 두개골 상단에 위치한 두 개의 콧구멍으로 숨을
들이쉬고 목 하단에 난 여러 개의 공기구멍으로 숨을 내쉰다. 바다
부족은 오마티카야 부족이 팔레(다이어호스)를 타듯이 일루를 타고
다닌다. 먼저 신경 덩굴(쿠루)을 연결해서 동물과 *차헤일루*를 맺는
방식이다. 일루는 지구의 돌고래처럼 지능이 높고 매우 사회적인
동물이다. 나선을 그리며 물 밖으로 뛰어오르거나 높은 파도를 타고
헤엄치며 노는 모습이 생동감 넘친다.

일루와 나비족이 한 팀을 이루어 새끼 일루와
부족의 아이들을 위협하는 포식자를 처치한다.
이 특별한 공생관계는 나비족과 일루 모두에게
유익하고, 일루도 그 과정을 무척 즐긴다.

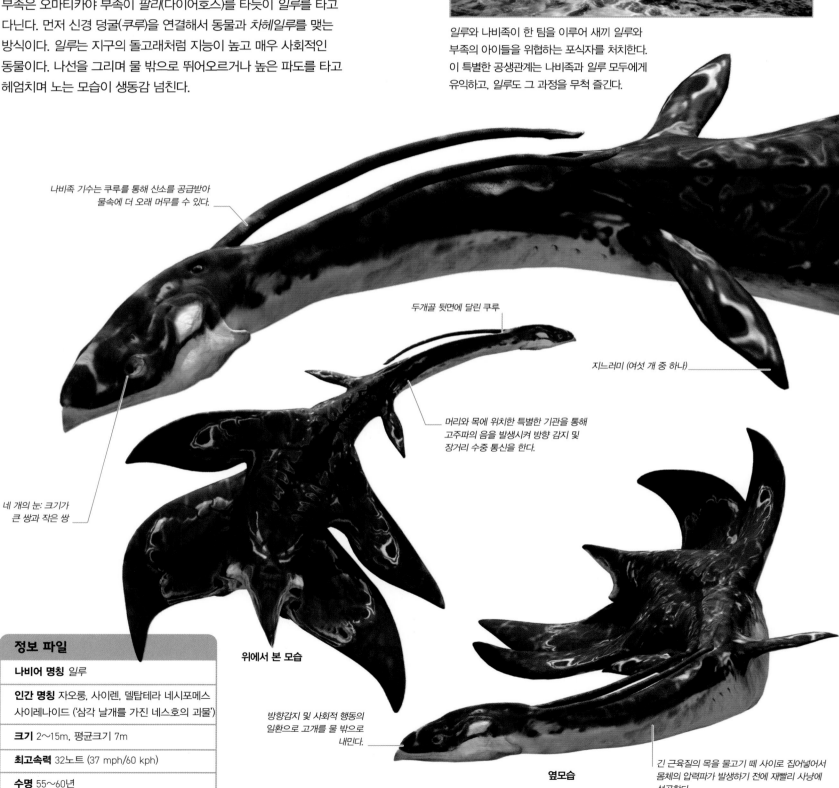

나비족 기수는 쿠루를 통해 산소를 공급받아
물속에 더 오래 머무를 수 있다.

두개골 뒷면에 달린 쿠루

지느러미 (여섯 개 중 하나)

머리와 목에 위치한 특별한 기관을 통해
고주파의 음을 발생시켜 방향 감지 및
장거리 수중 통신을 한다.

네 개의 눈: 크기가
큰 쌍과 작은 쌍

**위에서 본 모습**

방향감지 및 사회적 행동의
일환으로 고개를 물 밖으로
내민다.

**옆모습**

긴 근육질의 목을 물고기 떼 사이로 집어넣어서
몸체의 압력파가 발생하기 전에 재빨리 사냥에
성공한다.

## 정보 파일

| | |
|---|---|
| **나비어 명칭** 일루 | |
| **인간 명칭** 자오룽, 사이렌, 델탑테라 네시포메스 사이레나이드 ('삼각 날개를 가진 네스호의 괴물') | |
| **크기** 2~15m, 평균크기 7m | |
| **최고속력** 32노트 (37 mph/60 kph) | |
| **수명** 55~60년 | |

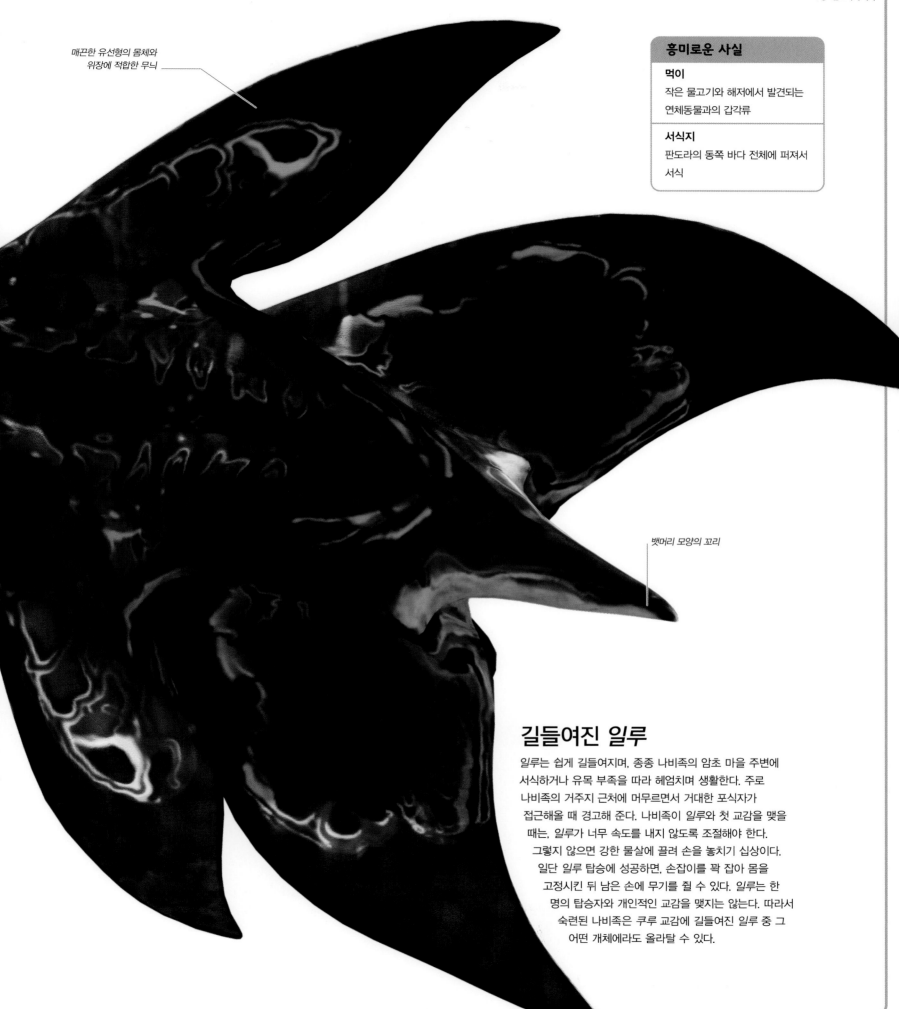

매끈한 유선형의 몸체와
위장에 적합한 무늬

**흥미로운 사실**

**먹이**

작은 물고기와 해저에서 발견되는
연체동물과의 갑각류

**서식지**

판도라의 동쪽 바다 전체에 퍼져서
서식

뱃머리 모양의 꼬리

## 길들여진 일루

일루는 쉽게 길들여지며, 종종 나비족의 암초 마을 주변에
서식하거나 유목 부족을 따라 헤엄치며 생활한다. 주로
나비족의 거주지 근처에 머무르면서 거대한 포식자가
접근해올 때 경고해 준다. 나비족이 일루와 첫 교감을 맺을
때는, 일루가 너무 속도를 내지 않도록 조절해야 한다.
그렇지 않으면 강한 물살에 끌려 손을 놓치기 십상이다.
일단 일루 탑승에 성공하면, 손잡이를 꽉 잡아 몸을
고정시킨 뒤 남은 손에 무기를 쥘 수 있다. 일루는 한
명의 탑승자와 개인적인 교감을 맺지는 않는다. 따라서
숙련된 나비족은 쿠루 교감에 길들여진 일루 중 그
어떤 개체에라도 올라탈 수 있다.

# 스킴윙

**나비어 명칭으로는 츠라크** 하늘을 나는 물고기로, 몸집이 거대하고 힘이 세다. 스킴윙은 물속에서는 아가미 호흡을 하고, 물 밖으로 나와 비행할 때는 폐호흡을 한다. 머리 상단에 나 있는 두 개의 콧구멍을 통해 숨을 들이마셨다가 아가미뚜껑을 통해 내쉰다. 물속에서의 민첩한 움직임을 위해 흉부의 날개를 접은 채로 헤엄친다. 스킴윙은 거대한 몸체에도 불구하고 물 밖으로 뛰어올라 '지면 효과'를 이용해서 수면 위를 낮게 비행할 수 있다. 이는 판도라 행성의 낮은 중력과 높은 공기밀도 덕분이며, 마치 펠리컨이 활강하는 모습과 비슷하다. 그러나 펠리컨과는 달리 스킴윙은 비행 시에 줄곧 긴 꼬리를 사용해서 물살을 가르며 추진력을 높이는데, 이것은 자신보다 훨씬 작은 지구의 해양생물인 날치의 특성에 가깝다. 또한 스킴윙은 몇 시간동안 35노트(40mph/65kph)의 일정한 속도를 유지하며 날 수 있다. 암초 부족은 스킴윙을 타고 바다 표면에 있는 큰 먹잇감을 사냥하거나, 깊은 곳까지 잠수한다. 전사들은 스킴윙을 타고 전투에 나선다.

앞모습

공기구멍 뒤편에 위치한 아가미구멍을 통해 물속에서 호흡

몸속의 특수 기관이 아가미와 폐의 기능을 동시에 수행

저공비행 시 이따금씩 작은 흉부 지느러미로 물 표면을 가르며 균형과 안정성을 유지

바늘 형태의 이빨과 긴 주둥이를 이용해서 고속으로 주행하면서 물속의 물고기를 낚아챈다.

## 나비족과의 교감

츠라크는 **이크란**처럼 한 명의 나비족과 평생토록 교감을 맺는 건 아니지만, 개별 탑승자를 태울 때 매우 까다롭다. 깊은 교감을 형성하지 못한다면 홀로 먹이사냥을 떠난 츠라크가 영영 돌아오지 않을 수도 있다. (츠라크는 사냥영역이 매우 넓다.) 다시 말해 이 거대 생명체를 타기 위해 무척 세심한 관리가 필요하며, 츠라크가 충성심을 보이고 마을로 돌아오기까지는 교감에 대한 결속시간이 넉넉히 필요하다. 츠라크는 대형 동물의 사냥이나 거대한 포식자로부터 석호를 지키는 젊고 강한 나비족 전사에게 적합하다.

꼬리지느러미의 하부까지 이어지는 등골뼈

물속에서는 지느러미를 접어 몸 가까이에 붙인 채로 헤엄친다.

### 양서류와 어류 사이

츠라크는 어류도, 완전한 폐호흡 동물도 아닌 양서류의 생명체다. 고에너지 활동인 잠수를 위해 폐 한가득 숨을 들이마시지만, 잠수가 길어질 때, 예컨대 먹잇감을 기다리며 오랫동안 매복할 때는 물속에 존재하는 산소로도 언제든 호흡할 수 있다.

뒷모습

개체마다 다른, 화려하고 독특한
날개 무늬

## 정보 파일

| | |
|---|---|
| **나비어 명칭** 츠라크 | |
| **인간 명칭** 스킴윙, 익시옵테릭스 볼란스 (하늘을 나는 지느러미) | |
| **크기** 14m 60cm | |
| **최고속력** 50노트 (58 mph / 93 kph) | |
| **수명** 20년 | |

물 밖에서 아코디언처럼
펼쳐지는 날개

단단하고 인장력이 있는 연골 척추 사이를
형형색색의 얇은 피부막이 연결

잠수 시 지느러미를 접어
매끈한 어뢰 형태의 몸으로 변신

제이크가 스킴윙을 타고 RDA 군대에 맞서 싸우기 위해 출격한다. 스킴윙은 길들이기가 몹시 어려워서
오로지 강하고 숙련된 나비족 전사만이 올라탈 수 있다.

작은 배지느러미가 비행기의 수평안전장치와
같은 기능을 수행

## 흥미로운 사실

**먹이**
주로 물고기와 작은 조류를 섭취

**서식지**
판도라의 넓은 바다와 석호에
서식하지만, 종종 메트카이나 마을
주변 해안가에서도 발견된다.

## 흥미로운 사실

> 스킴윙은 진화단계에서 물고기와 *이크란*
(마운틴밴시) 사이에 속한다. 실제로 스킴윙과
*이크란*은 조상이 같다.

> 스킴윙은 돌고래나 고래와 다르게
익사할 수 없다.

**오른쪽에서 본 모습**

거대하고 강한 꼬리지느러미를 이용해
물속에서의 헤엄 속도와 저공비행 시
추진력을 높인다.

# 암초 어류

**판도라의 암초**는 생물다양성이 가장 높은 생태계 중 하나다. 셀 수 없이 많은 종의 해양 생물과 암초 어류가 이곳에 서식한다. 판도라의 암초 어류는 밝은 빛깔과 환상적인 무늬, 독특한 모양을 뽐내며 주변의 화려한 산호초와 조화를 이룬다. 물고기는 메트카이나 부족의 주된 식재료이며, 낚시는 부족 문화에서 떼려야 뗄 수 없는 일부분이다. 메트카이나의 낚시꾼들은 큰 존경을 받으며, 종종 부족에 전해져 내려오는 이야기, 잠언, 그림 작품 등에 영웅으로 등장한다.

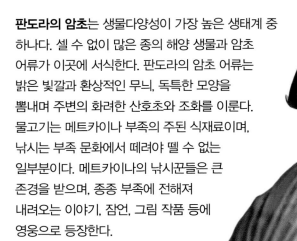

*각진 머리 기관을 사용해서 큰 물고기를 피해 다닌다.*

**해머브로우 피시**
작고 화려한 색깔의 물고기로, 최대 열두 마리까지 무리를 지어 생활한다. 해머브로우의 눈에 띄는 특징 중 하나는 머리 윗부분에 툭 튀어나와 있는 크고 네모난 부위인데, 과학자들은 바로 이 기관이 물고기로 하여금 갑작스런 해류 변화를 감지하고 포식자로부터 도망칠 수 있도록 도와준다고 믿는다.

*판막처럼 생긴 여러 개의 구멍이 여과작용 및 바닷물에서 산소를 추출하는 기능을 한다.*

## 글라이더 핀

얕은 바다에서 발견되는 작은 물고기, 글라이더 핀. 주로 몇 백 마리가 떼를 지어 다니며, 먹이사슬의 상위에 있는 더 큰 물고기의 먹이가 된다. 그 밖에도 판도라의 많은 어류와 해양조류, 일루를 비롯한 바다 동물의 주 에너지원이다. 그야말로 암초의 생태계에서 핵심 역할을 하는 어류라고 볼 수 있다. 글라이더 핀의 자연 수명은 약 1년 정도지만, 일찍이 포식자에게 잡아먹히기 때문에 수명을 다 하는 경우가 드물다.

### 흥미로운 사실

**먹이**
글라이더 핀의 주 먹이는 미세한 플랑크톤과의 바다동물이다.

**서식지**
주로 판도라의 얕은 바다와 해안가에서 발견되지만, 이따금 먹이를 찾아 다른 지역으로 이동하기 위해 깊은 바다로 헤엄쳐 나가기도 한다.

*판도라의 어류 중 가장 작은 몸집에도 불구하고 무척 복잡한 무늬가 눈에 띈다.*

**생존 전략**
글라이더 핀은 대개 번식기가 되기도 전에 포식자에게 잡아먹힌다. 하지만 그 중 생존하는 개체는 한 번에 알을 20만개까지도 낳을 수 있다. 이러한 생존방식은 판도라 바다의 먹이사슬을 보전하는 데 있어 매우 중요하다.

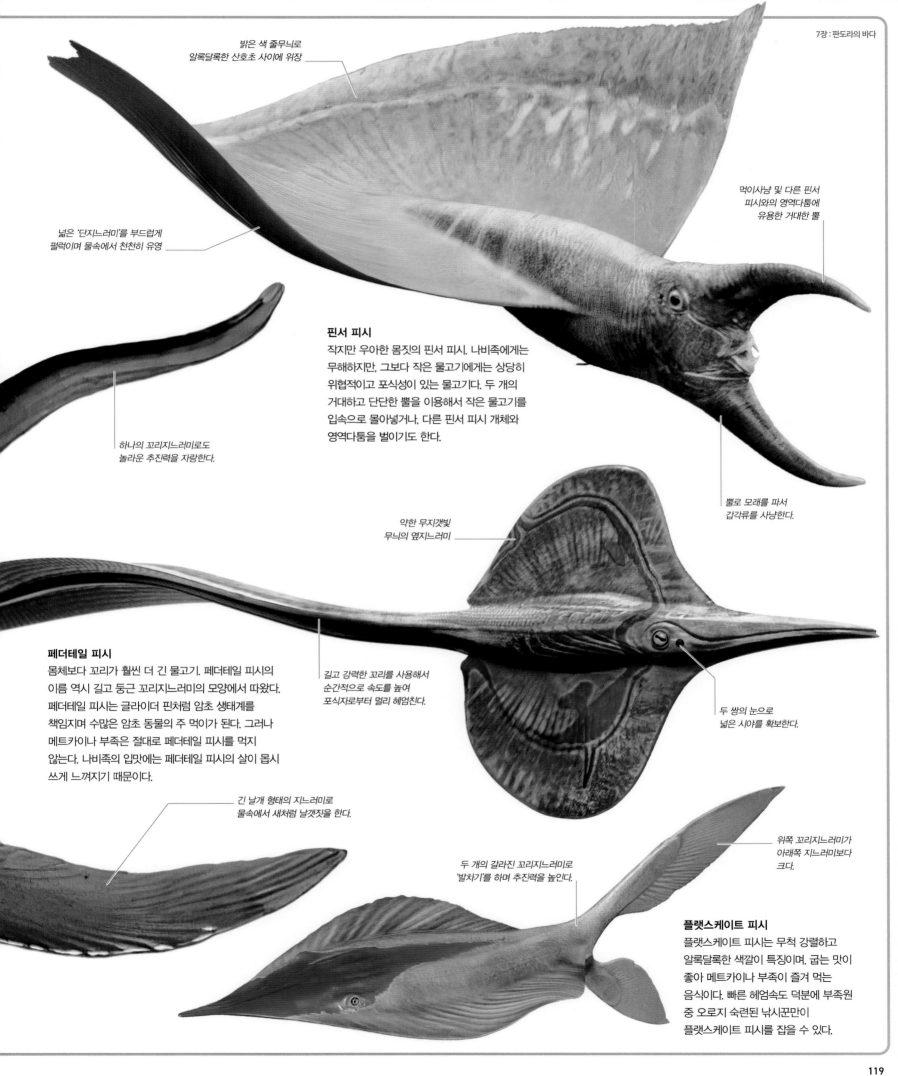

밝은 색 줄무늬로
알록달록한 산호초 사이에 위장

넓은 '단지느러미'를 부드럽게
펄럭이며 물속에서 천천히 유영

하나의 꼬리지느러미로도
놀라운 추진력을 자랑한다.

먹이사냥 및 다른 핀서
피시와의 영역다툼에
유용한 거대한 뿔

### 핀서 피시
작지만 우아한 몸짓의 핀서 피시. 나비족에게는
무해하지만, 그보다 작은 물고기에게는 상당히
위협적이고 포식성이 있는 물고기다. 두 개의
거대하고 단단한 뿔을 이용해서 작은 물고기를
입속으로 몰아넣거나, 다른 핀서 피시 개체와
영역다툼을 벌이기도 한다.

뿔로 모래를 파서
갑각류를 사냥한다.

약한 무지갯빛
무늬의 옆지느러미

길고 강력한 꼬리를 사용해서
순간적으로 속도를 높여
포식자로부터 멀리 헤엄친다.

두 쌍의 눈으로
넓은 시야를 확보한다.

### 페더테일 피시
몸체보다 꼬리가 훨씬 더 긴 물고기. 페더테일 피시의
이름 역시 길고 둥근 꼬리지느러미의 모양에서 따왔다.
페더테일 피시는 글라이더 핀처럼 암초 생태계를
책임지며 수많은 암초 동물의 주 먹이가 된다. 그러나
메트카이나 부족은 절대로 페더테일 피시를 먹지
않는다. 나비족의 입맛에는 페더테일 피시의 살이 몹시
쓰게 느껴지기 때문이다.

긴 날개 형태의 지느러미로
물속에서 새처럼 날갯짓을 한다.

두 개의 갈라진 꼬리지느러미로
'발차기'를 하며 추진력을 높인다.

위쪽 꼬리지느러미가
아래쪽 지느러미보다
크다.

### 플랫스케이트 피시
플랫스케이트 피시는 무척 강렬하고
알록달록한 색깔이 특징이며, 굽는 맛이
좋아 메트카이나 부족이 즐겨 먹는
음식이다. 빠른 헤엄속도 덕분에 부족원
중 오로지 숙련된 낚시꾼만이
플랫스케이트 피시를 잡을 수 있다.

# 길 맨틀

**우아하고 속이 훤히 들여다보이는 반투명의 무척추동물, 길 맨틀.** 판도라의 바다 전역에 걸쳐 발견된다. 암초 부족은 이 생명체를 무척 가치 있게 여기는데, 이것이 물속에서 오래 숨 쉴 수 있는 비결이기 때문이다. 나비족이 길 맨틀과 교감을 맺으면, 마치 몸에 새 아가미가 생긴 것처럼 쿠루를 통해 산소를 공급받을 수 있다. 길 맨틀의 나비어 명칭인 '탐파이세'는 '바다의 형제'라는 뜻을 담고 있다.

## 날개 모양의 지느러미

길 맨틀 몸체의 대부분은 여러 쌍의 섬세하고 반투명한 지느러미로 이루어져 있다. 인간 과학자들은 이 지느러미를 보고 나비의 날개나 심지어 예술 작품 속 천사의 날개를 떠올린다. 특별히 나비족과 길 맨틀의 교감이 이루어진 후에 나비족 잠수부의 어깨에 길 맨틀을 얹어놓으면, 그 모습이 그야말로 우아한 날갯짓처럼 느껴진다. 마치 나비족의 등 뒤에 신비로운 지느러미가 생긴 것 같은 착각을 일으키며, 길 맨틀이 판도라의 물살을 따라 펄럭이는 모양이 한 쌍의 날개처럼 무척 아름답다.

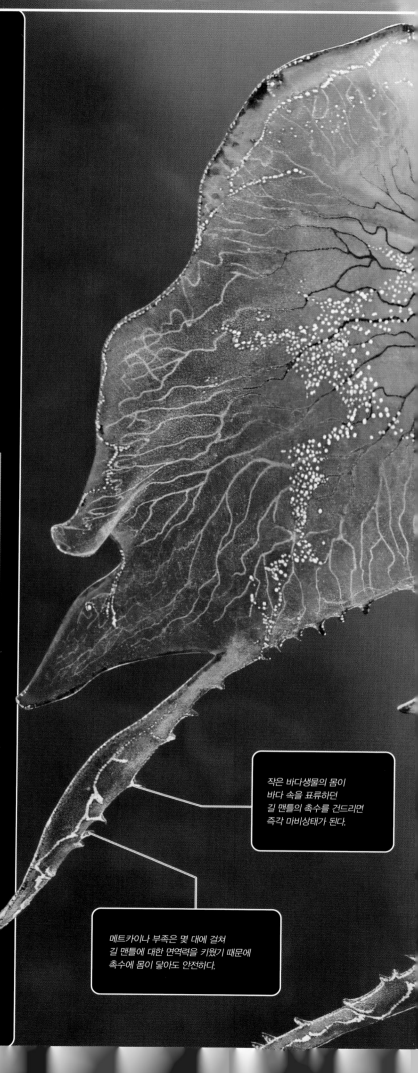

작은 바다생물의 몸이 바다 속을 표류하던 길 맨틀의 촉수를 건드리면 즉각 마비상태가 된다.

메트카이나 부족은 몇 대에 걸쳐 길 맨틀에 대한 면역력을 키웠기 때문에 촉수에 몸이 닿아도 안전하다.

## 신비한 구조

길 맨틀은 흔한 바다생물의 호흡기와 다른, 독특한 구조를 뽐낸다. 몸 전체가 '폐'처럼 기능하며, 물속의 산소를 흡수한 뒤 피부를 통해 몸 전체에 분산시킨다. 과학자들의 가설에 따르면, 이는 길 맨틀을 소중히 지키며 어디든 지니고 다니는 나비족의 행동과 관련이 있다. 길 맨틀은 바다 곳곳에서 산소를 풍성하게 머금었고, 나비족과 공진화한 덕에 특별한 호흡기를 갖추었다는 것이다.

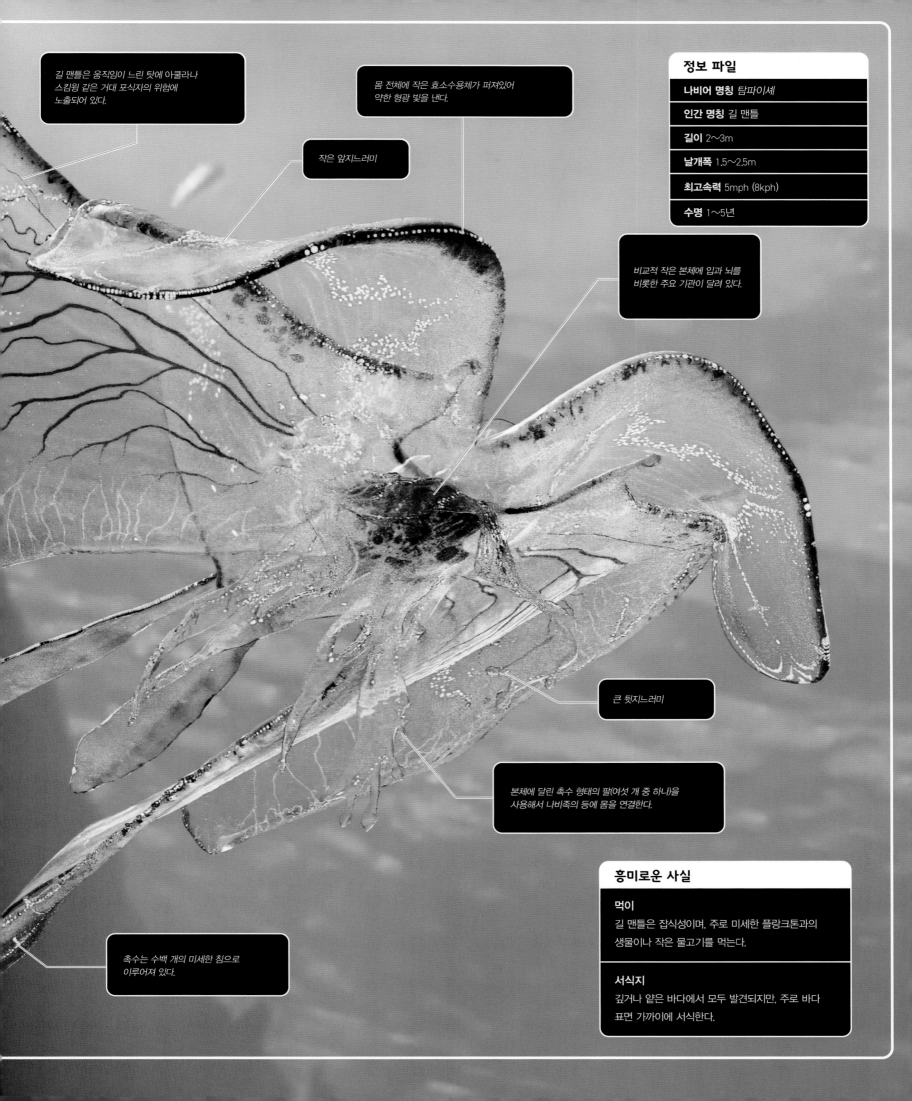

길 맨틀은 움직임이 느린 탓에 아쿨라나
스킴윙 같은 거대 포식자의 위험에
노출되어 있다.

작은 앞지느러미

몸 전체에 작은 효소수용체가 퍼져있어
약한 형광 빛을 낸다.

## 정보 파일

| | |
|---|---|
| **나비어 명칭** 탐파이세 | |
| **인간 명칭** 길 맨틀 | |
| **길이** 2∼3m | |
| **날개폭** 1.5∼2.5m | |
| **최고속력** 5mph (8kph) | |
| **수명** 1∼5년 | |

비교적 작은 본체에 입과 뇌를
비롯한 주요 기관이 달려 있다.

큰 뒷지느러미

본체에 달린 촉수 형태의 팔(여섯 개 중 하나)을
사용해서 나비족의 등에 몸을 연결한다.

촉수는 수백 개의 미세한 침으로
이루어져 있다.

## 흥미로운 사실

### 먹이
길 맨틀은 잡식성이며, 주로 미세한 플랑크톤과의
생물이나 작은 물고기를 먹는다.

### 서식지
깊거나 얕은 바다에서 모두 발견되지만, 주로 바다
표면 가까이에 서식한다.

# 툴쿤

툴쿤은 판도라 바다 전역을 헤엄쳐 다니는 고지능의 해양 동물이다. 지성과 문화가 나비족과 동등한 수준으로 발달했으며 각 개체가 고유한 이름을 가질 뿐만 아니라 가문의 역사 또한 다채롭다. 음악과 시에도 조예가 깊다. 그러나 억겁의 시간동안 피비린내 나는 동족전쟁을 겪은 툴쿤 종족은 마침내 폭력을 철저히 금지하고 완전한 평화를 이루기로 목숨을 건 공동서약을 했다. 툴쿤의 몸은 꼭 사람의 갑옷처럼 두꺼운 판으로 덮여 있는데, 바로 이 신체적 특징 덕분에 평화의 원칙을 지켜낼 수 있다. 다른 생명체의 공격에 굳이 반격하지 않아도 될 만큼 피부가 단단하기 때문이다. 메트카이나 부족과 툴쿤은 종족 간에 아주 독특하고 힘 있는 연대를 누린다. 한 명의 나비족이 한 마리의 툴쿤과 평생토록 영적 형제 또는 자매로 짝을 이룬다. 메트카이나 부족과 툴쿤은 무척 신성하고 역사 깊은 동반자의 관계. 두 종족은 여러 의식과 삶을 함께하며 조화를 이루어 살아간다.

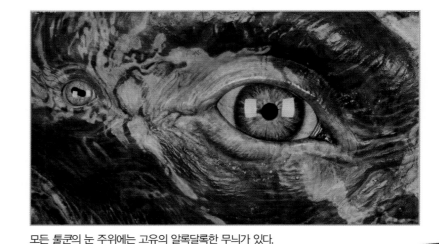

모든 툴쿤의 눈 주위에는 고유의 알록달록한 무늬가 있다. 해양과학자들이 이 무늬를 통해 각 개체를 구별한다.

거북이의 등껍질처럼 두꺼운 판으로 이루어진 등은 잘 구부러지면서도 매우 단단하다.

툴쿤은 지금은 슬프게도 모두 멸종된 지구의 바다동물 고래와 같은 온혈호흡동물이다. 머리의 뒷부분 또는 상단(부리)에 위치한 콧구멍을 통해 호흡한다. 툴쿤은 이따금씩 수면 위로 올라와 숨을 쉬는데, 이 때 특유의 강력한 '물기둥'을 하늘 높이 뿜어내는 광경을 볼 수 있다.

포식자가 위협해 올 때면 꼬리를 세게 휘둘러 방어의 몸짓을 보인다.

두 쌍의 꼬리를 자유자재로 움직일 수 있어서 거대한 몸집에 비해 움직임이 민첩하다.

거대하고 강력한 가슴지느러미를 이용해 물속에서 구르거나 돌 수 있다.

## 흥미로운 사실

### 먹이
툴쿤은 수천마리의 작은 새우와 다양한 물고기 떼를 먹이로 섭취한다.

### 서식지
주로 넓은 바다에 서식하지만 때때로 암초에 난 해저 터널 속을 통과해서 메트카이나 부족의 호수로 헤엄쳐 들어온다.

## 정보 파일

**나비어 명칭 툴쿤**

**크기** 수컷: 28~80m,
암컷: 20~70m
(나이와 성숙도에 따라 크기가 다르다.)

**최고속력** 22노트 (25mph/40kph)

**수명** 150~250년

수컷의 위치감지뿔이 암컷보다 크다. 이 뿔로 암컷에게 구애한다.

힘 센 꼬리가 툴쿤의 추진력을 높여 준다.

세 갈래로 나뉜 턱뼈 덕분에 어마어마하게 큰 물고기 떼도 한 번에 삼킬 수 있다.

**툴쿤 성체**

# 툴쿤 조각상

툴쿤은 메트카이나의 부족에게 신성한 존재이다. 부족 문화 전반에
걸쳐서 툴쿤의 모양을 딴 장식을 찾아볼 수 있다. *마루이* 벽면에 실로 짠
툴쿤의 형상을 걸어 놓고 두 종족간의 연대를 기리기도 한다. 메트카이나
가족은 툴쿤을 깊이 숭배하기 때문에, 집 이곳저곳이 망가져 고쳐
쓰더라도 이 벽장식만큼은 그 어떤 것보다도 정성껏 아끼며 보존한다.

## 툴쿤의 귀환

매년 툴쿤 떼가 메트카이나 부족의
암초 마을로 돌아오면 귀환 의식이
치러지는데, 특별히 메트카이나
부족이 이제 막 성체가 된 새끼
툴쿤의 몸에 직접 문신을 새겨주며
그 날을 기념한다.

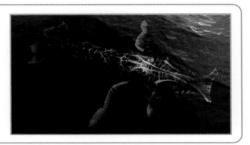

작은 머리지느러미가 귀날개의 역할을 하며
물속에서의 정교한 동작을 가능케 한다.

위치감지뿔은 색깔이
알록달록하고 무늬가
다양하며 성장하면서
점점 크기가 커진다.

개체마다 조금씩 다른
세로 줄무늬를 지닌다.

복부의 막이 미묘한
해류나 온도 변화를
감지한다.

턱 밑에 기름으로 이루어진
음파탐지기관이 있다.

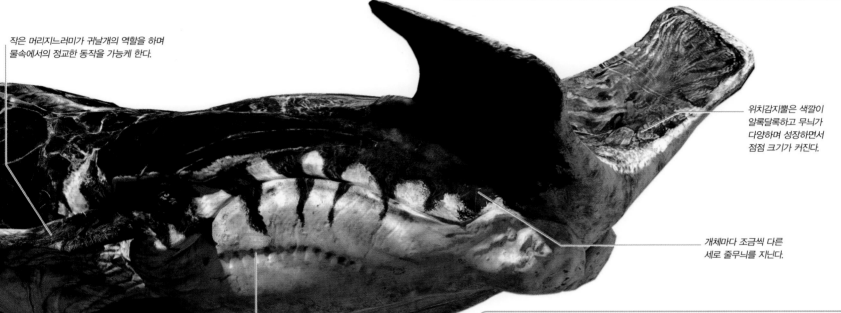

## 바다 속 거대동물

메트카이나 부족의 암초 주변에서 목격된 거대해양동물 중 오직 **툴쿤**만이 지능이
높고 지각력이 있다. 메트카이나 부족은 세 손가락을 사용한 수어로 툴쿤과
소통할 수 있다. 다른 거대 생물의 예로는 *날루차*와 *아쿨라*가 있는데, 둘은 크기가
상어와 비슷하다.

두 쌍의 지느러미로
보다 정확하게
헤엄친다. 지느러미
하나가 다른 하나보다
더 크다.

수컷 간의 영역 표시에도
뿔이 사용된다.

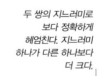
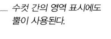

**앞모습**

# 기적의 물질 암리타

RDA의 해양생물학자 이안 가빈 박사는 툴쿤 표본을
해부하던 중 중대한 발견을 한다. 툴쿤의 뇌에는 놀라운
의학적 힘을 가진 물질이 들어 있는데, 바로 인간의 노화를
막을 수 있는 자연발생 물질이다. 이 물질의 이름은
*암리타*로, 죽은 툴쿤의 시체에서만 추출할 수 있다.
가빈 박사가 탄 시드래곤호는 판도라 바다의 거대 동물을
사냥하는데, 이 배에는 *암리타*를 뽑아낼 수 있는 특별한
드릴이 장착되어 있다.

*RDA* 바이알에 담긴
암리타

복부의 긴 막을 이용해
미묘한 온도 변화를
감지한다.

**아래에서 본 모습**

# 새끼 툴쿤

**매년 정해진 날짜가 되면**, 수백 마리의 툴쿤과 새끼들이 메트카이나 마을 근처 '선조들의 만'에 집결한다. 한 해 동안 새로 태어난 툴쿤 새끼들이 영혼의 나무에 다가가 *에이와*와 첫 교감을 맺는 순간이다. 메트카이나 부족의 '형제자매들'도 이 특별한 영적 의식에 동행한다. 이 날, 메트카이나 아기들도 *에이와* 네트워크와 생애 첫 교감을 누리는 것이다. 이것은 툴쿤과 메트카이나 부족 모두에게 무척 신성한 의식이며, 두 종족이 공유하는 깊은 문화의 일부분이다. 수많은 툴쿤 새끼들과 나비족 아기들이 신성한 나무 주변을 둘러싼 모습은, 그야말로 판도라에서만 볼 수 있는 신비로운 장관이다.

| 정보 파일 | |
| --- | --- |
| **종** | 새끼 툴쿤 |
| **길이 평균** | 10.5m |
| **최고속력** | 22노트 (25mph / 40kph) |
| **유년기** | 10년 |

## 툴쿤의 쿠루

새로 태어난 툴쿤 새끼는 어미의 쿠루를 통해 산소와 영양분을 공급받는다. 쿠루는 판도라의 모든 고등동물의 몸에서 몹시 중요한 역할을 하는 기관이다. 쿠루에 흐르는 신경신호를 통해 다른 생명체와 '데이터'를 주고받거나, 덩굴 중앙을 가로지르는 정맥과 동맥을 통해 산소와 영양분을 전달할 수도 있다. 임신 중인 나비족 여성과 툴쿤의 몸에는 호르몬 변화로 인해 쿠루의 크기가 부풀어 오르는데, 태아에게 영양분을 더 잘 전달하기 위해서다. 즉, 쿠루의 끝에 있는 줄기 중 일부는 USB 포트의 기능을, 다른 일부는 태반의 기능을 한다.

**날렵한 헤엄**
*새끼 툴쿤은 헤엄 실력을 타고나며, 물속에서 부모에 뒤지지 않는 민첩함을 자랑한다.*

## 탄생에서 성숙까지

툴쿤의 번식 주기는 2년에서 3년이며, 임신기간은 대략 18개월이다. 한 번에 한 마리의 새끼만 낳을 수 있고, 새끼 툴쿤이 태어나면 그 후 몇 년 간은 어미 옆에 꼭 붙어 지낸다. 이 때 어미로부터 사회성을 배우기 때문에 발달적으로 몹시 중요한 시기라고 할 수 있다. 이 시기가 지나면 새끼 툴쿤은 어미로부터 독립생활을 시작한다. 그러나 툴쿤이 완전히 성숙하려면 최소 10년의 시간이 걸린다.

발달초기에는 위치감지뿔이 드러나지 않다가 청소년기에 자라기 시작한다.

**앞모습**

*탄생 후 1년 이내에 영혼의 나무와 쿠루를 연결해서 첫 교감을 맺는다.*

*새끼 툴쿤의 몸은 성체인 부모의 몸보다 지방 함량이 높다.*

**옆모습**

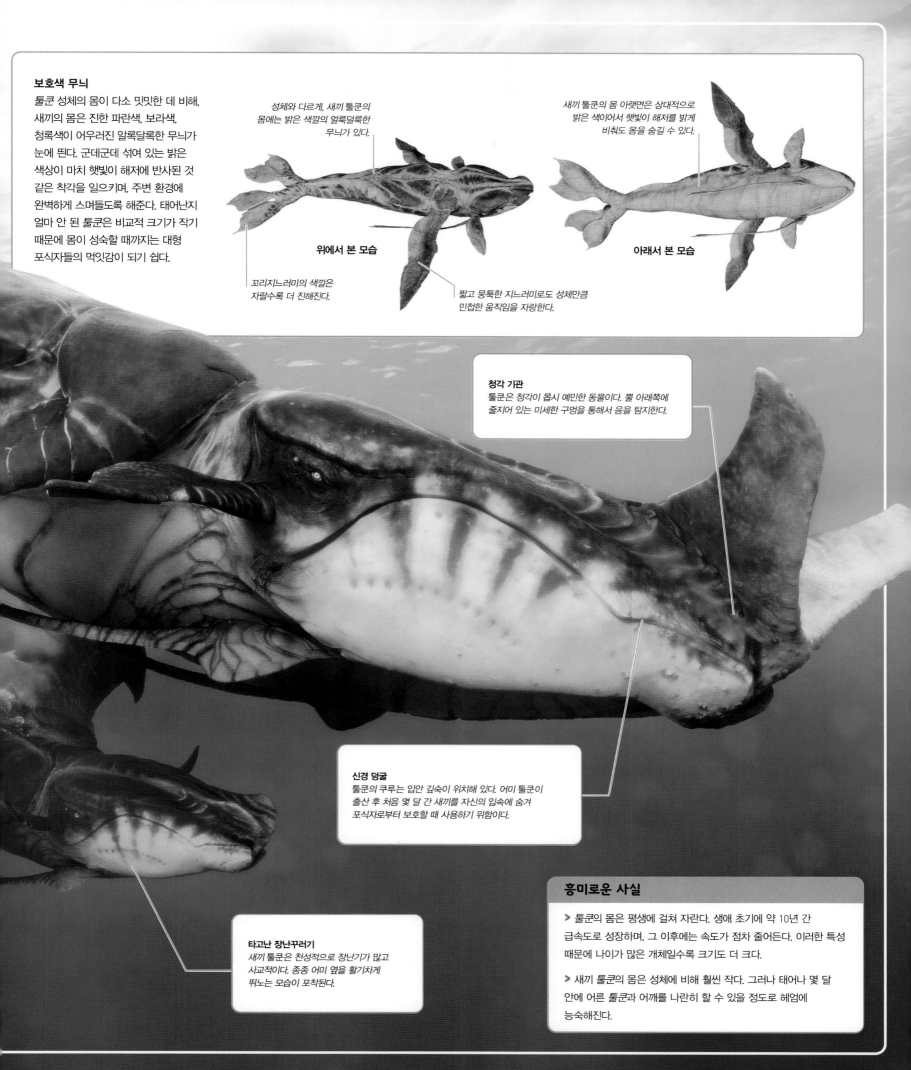

**보호색 무늬**

툴쿤 성체의 몸이 다소 밋밋한 데 비해, 새끼의 몸은 진한 파란색, 보라색, 청록색이 어우러진 알록달록한 무늬가 눈에 띈다. 군데군데 섞여 있는 밝은 색상이 마치 햇빛이 해저에 반사된 것 같은 착각을 일으키며, 주변 환경에 완벽하게 스며들도록 해준다. 태어난지 얼마 안 된 툴쿤은 비교적 크기가 작기 때문에 몸이 성숙할 때까지는 대형 포식자들의 먹잇감이 되기 쉽다.

성체와 다르게, 새끼 툴쿤의 몸에는 밝은 색깔의 얼룩덜룩한 무늬가 있다.

새끼 툴쿤의 몸 아랫면은 상대적으로 밝은 색이어서 햇빛이 해저를 밝게 비춰도 몸을 숨길 수 있다.

**위에서 본 모습**

**아래서 본 모습**

꼬리지느러미의 색깔은 자랄수록 더 진해진다.

짧고 뭉툭한 지느러미로도 성체만큼 민첩한 움직임을 자랑한다.

**청각 기관**

툴쿤은 청각이 몹시 예민한 동물이다. 뿔 아래쪽에 줄지어 있는 미세한 구멍을 통해서 음을 탐지한다.

**신경 덩굴**

툴쿤의 쿠루는 입안 깊숙이 위치해 있다. 어미 툴쿤이 출산 후 처음 몇 달 간 새끼를 자신의 입속에 숨겨 포식자로부터 보호할 때 사용하기 위함이다.

**타고난 장난꾸러기**

새끼 툴쿤은 천성적으로 장난기가 많고 사교적이다. 종종 어미 옆을 활기차게 뛰노는 모습이 포착된다.

**흥미로운 사실**

> 툴쿤의 몸은 평생에 걸쳐 자란다. 생애 초기에 약 10년 간 급속도로 성장하며, 그 이후에는 속도가 점차 줄어든다. 이러한 특성 때문에 나이가 많은 개체일수록 크기도 더 크다.

> 새끼 툴쿤의 몸은 성체에 비해 훨씬 작다. 그러나 태어나 몇 달 안에 어른 툴쿤과 어깨를 나란히 할 수 있을 정도로 헤엄에 능숙해진다.

# 색인

**헥스봇 헤비**

# 색인

**로날의 전투용 완장**

**투크티리**

First published in Great Britain in 2022 by
Dorling Kindersley Limited
DK, One Embassy Gardens, 8 Viaduct Gardens,
London, SW11 7BW

The authorised representative in the EEA is
Dorling Kindersley Verlag GmbH. Arnulfstr. 124,
80636 Munich, Germany

Page design by Dorling Kindersley Limited.
A Penguin Random House Company
10 9 8 7 6 5 4 3 2
008–315792–Dec/2022

Prineted and bound in China

**For the curious**

www.dk.com

## 감사의 말

DK would like to thank the following for their assistance in making this
book: James Cameron, Jon Landau, Joshua Izzo, Reymundo Perez,
Ben Procter, Dylan Cole, Deborah L. Scott, Joseph C. Pepe, Zachary
Berger, Hana Scott-Suhrstedt, Shealyn Biron, Carrie Hollinger,
Aashrita Kamath, Molly Berg, Jeff Reeves, Billy Barnhart, Chikako
Hoffman, John Manko, Walter Garcia, John Hernandez, Lisa
Fitzpatrick, Danny Shelby, Kathy Franklin, Stephanie Nelson, Anneke
Suyderhoud, and Dylan Field at Lightstorm; Nicole Spiegel
at Disney; Lisa Lanzarini for layout design; Nidhi Mehra, Nehal
Verma, Sachin Gupta, and Druck Media Pvt Ltd for design assistance;
Simon Beecroft for editorial assistance.

## 아바타 물의 길 비주얼 사전

글 재커리 버거, 딜런 콜, 조슈아 이조, 레이먼도 페레즈, 벤 프록터
옮김 이 솔
2023년 10월 01일 초판 1쇄 인쇄
2023년 10월 01일 초판 1쇄 발행

**펴낸곳** 아트앤아트피플 | **펴낸이** 송영희 | **디자인** 이유리 | **마케팅** 김철웅
**공동제작·인쇄** DK (Printed and bound in China)
**출판등록** 2015년 7월 10일 (제31-2015-000048호)
**주소** (우07535) 서울특별시 강서구 양천로 67길 32
**전화** 070-7719-6967 | **팩스** 02-6442-9046
**홈페이지** http://www.artnartpeople.com | **이메일** artnartpeoplekr@gmail.com
**ISBN** 979-11-90372-36-7(93680)

**옮긴이 이솔** 어린 시절 호주 시드니에서 성장. 중앙대학교에서 교육학과 영어영문학 전공.
중앙가독중 원천하나고등학교 강사. 국내 대기업 번역작업.

핀서 피시